Herbert Marcuse
Psychoanalyse und Politik

Dieser Band versammelt vier Vorträge von Herbert Marcuse. »Trieblehre und Freiheit« und »Die Idee des Fortschritts im Licht der Psychoanalyse« wurden 1956 im Rahmen einer Vorlesungsreihe anläßlich des hundertsten Geburtstages von Sigmund Freud in Frankfurt am Main und in Heidelberg gesprochen, »Das Problem der Gewalt in der Opposition« und »Das Ende der Utopie« sind 1967 an der Freien Universität Berlin vorgetragen worden. – In zweifacher Weise haben diese Vorträge und die in ihnen entfaltete Argumentation Geschichte gemacht: Sie haben, erstens, die Bedeutung der Freudschen Trieblehre für das Verständnis gesellschaftlicher Herrschaft vergegenwärtigt; sie haben, zweitens, den Zusammenhang von politischer und philosophischer Begriffsanstrengung, der für die Position Herbert Marcuses im Kontext der Kritischen Theorie charakteristisch gewesen ist, im Nachkriegsdeutschland ins Licht der Öffentlichkeit gerückt.

Herbert Marcuse
Psychoanalyse und Politik

Europäische Verlagsanstalt

CIP-Kurztitelaufnahme der Deutschen Bibliothek

Marcuse, Herbert:
Psychoanalyse und Politik / Herbert Marcuse. – 6. Aufl., 17.–18. Tsd. – Frankfurt am Main: Europäische Verlagsanstalt, 1980.
ISBN 3-434-30071-6

6. Auflage 17.–18. Tausend 1980

Umschlag nach Entwürfen von Rambow, Lienemeyer und van de Sand
Produktion: Klaus Langhoff, Friedrichsdorf
Gesamtherstellung: Georg Wagner KG, Nördlingen

Printed in Germany
ISBN 3-434-30071-6

Inhalt

Trieblehre und Freiheit

I

Meine Damen und Herren!

Die Diskussion der Freudschen Theorie vom Standpunkt der politischen Wissenschaft und Philosophie bedarf der Rechtfertigung – um so mehr, als Freud immer wieder den naturwissenschaftlich-empirischen Charakter seiner Arbeit betont hat. Die Rechtfertigung muß eine zweifache sein: sie muß erstens zeigen, daß die Freudsche Theorie ihrer eigenen Begrifflichkeit nach für die politische Fragestellung offen ist und ihr entgegenkommt, mit anderen Worten: daß ihre anscheinend rein biologische Konzeption im Grunde eine gesellschaftlich-historische ist. Dies soll der Vortrag selbst deutlich machen.[1] Sie muß zweitens zeigen, inwiefern einerseits Psychologie heute ein wesentlicher Teil der politischen Wissenschaft ist und andererseits die Freudsche Trieblehre – und nur um sie handelt es sich hier – entscheidende Tendenzen der heutigen Politik auf ihren – verdeckten – Begriff bringt.

Wir beginnen mit diesem zweiten Aspekt der Rechtfertigung. Es handelt sich nicht darum, psychologische Begriffe in die politische Wissenschaft einzuführen, politische Vorgänge psychologisch zu erklären. Das hieße, das Fundierende durch das von ihm Fundierte erklären. Vielmehr muß sich die Psychologie selbst als politisch enthüllen; nicht nur so, daß die Psyche immer unmittelbarer als ein Stück des Gesellschaftlich-Allgemeinen erscheint – so daß Vereinzelung beinahe gleichbedeutend mit Teilnahmslosigkeit, sogar mit Schuld, aber auch mit dem Prinzip der Negation, der möglichen Revolution ist; sondern auch so, daß das Allgemei-

[1] »Trieblehre und Freiheit« und »Die Idee des Fortschritts im Lichte der Psychoanalyse« stellen selbständige und für die besonderen Zwecke der Veranstaltung ausgearbeitete Fassungen einer an anderer Stelle und unter anderen Gesichtspunkten erörterten Problematik dar; vgl. »Trieblehre und Freiheit«, in: *Sociologica,* Bd. 1 der »Frankfurter Beiträge zur Soziologie«, Frankfurt am Main 1955, S. 47 ff., und *Eros and Civilization,* Boston 1955 (deutsch: *Triebstruktur und Gesellschaft,* Frankfurt 1965).

ne, dessen Teil die Psyche ist, immer weniger »die Gesellschaft« und immer mehr »die Politik«, das heißt, die der Herrschaft verfallene und mit ihr identifizierte Gesellschaft ist.

Wir müssen gleich hier am Anfang versuchen zu definieren, was wir mit »Herrschaft« meinen, weil der Inhalt dieses Begriffes in der Freudschen Trieblehre zentral steht. Herrschaft ist überall da wirksam, wo die Ziele und Zwecke des Individuums und die Weisen, sie zu erstreben und zu erreichen, dem Individuum vorgegeben und als vorgegebene von ihm ausgeführt werden. Herrschaft kann von Menschen, von der Natur, von Dingen ausgeübt werden – ja sie kann innerlich sein, von dem Individuum an sich selbst vollzogen werden, in der Form der Autonomie erscheinen. Diese Form spielt in der Freudschen Trieblehre eine entscheidende Rolle: das Über-Ich nimmt die autoritären Vorbilder – den Vater und seine Stellvertreter – in sich auf und macht ihre Gebote und Verbote zu seinen eigenen Gesetzen, zu seinem Gewissen. Die Triebbeherrschung wird zum eigenen Werk des Individuums: Autonomie.

Damit aber scheint Freiheit zu einem unmöglichen Begriff zu werden, denn es gibt nichts, was dem Individuum nicht in irgendeiner Weise vorgegeben ist. Und in der Tat kann Freiheit nur im Rahmen der Herrschaft definiert werden, wenn die bisherige Geschichte den Leitfaden für die Definition abgeben soll. Freiheit ist *eine Form der Herrschaft:* diejenige nämlich, in der die vorgegebenen Mittel die Bedürfnisse des Individuums mit einem Minimum von Unlust und Entsagung befriedigen. In diesem Sinne ist Freiheit durch und durch geschichtlich und ihr Grad nur geschichtlich bestimmbar: sowohl die Fähigkeiten und Bedürfnisse wie das Minimum von Entsagung sind je nach der Stufe der Kulturentwicklung verschieden und objektiven Bedingungen unterworfen. Aber gerade diese objektiv-geschichtliche Bedingtheit hebt die Unterscheidung von Freiheit und Herrschaft über jede bloß subjektive Wertung hinaus: die auf einer bestimmten Kulturstufe erarbeiteten Mittel der Bedürfnisbefriedigung sind, wie die menschlichen Bedürfnisse und Fähigkeiten selbst, gesellschaftlich gegebene Tatsachen, vorhanden in den materiellen und geistigen Produktivkräften und in den Möglichkeiten ihrer

Verwendung. Eine Kultur kann diese Möglichkeiten im Interesse der individuellen Bedürfnisbefriedigung verwenden – dann ist die Kultur auf Freiheit ausgerichtet. Unter optimalen Bedingungen reduziert sich Herrschaft auf rationale Teilung der Arbeit und Erfahrung; Freiheit und Glück konvergieren. Oder aber die individuelle Befriedigung wird selbst einem gesellschaftlichen Bedürfnis unterworfen, das diese Möglichkeiten beschränkt und ablenkt – dann treten gesellschaftliches und individuelles Bedürfnis auseinander; die Kultur ist eine herrschaftsmäßige.

Die bisherige Kultur war herrschaftsmäßig, insofern das gesellschaftliche Bedürfnis durch das Interesse der jeweils herrschenden Gruppen bestimmt war und dieses Interesse die Bedürfnisse der anderen und die Weisen und Grenzen ihrer Befriedigung definierte. Diese Kultur hat den gesellschaftlichen Reichtum bis zu einem Punkte entwickelt, an dem die den Individuen auferlegten Verzichte und Lasten immer unnötiger, irrationaler erscheinen. Am krassesten drückt sich die Irrationalität der Unfreiheit aus in der intensivierten Unterwerfung der Individuen unter den ungeheuren Produktions- und Verteilungsapparat, in der Entprivatisierung der Freizeit, in der beinahe ununterscheidbaren Verschmelzung von konstruktiver und destruktiver gesellschaftlicher Arbeit. Und gerade diese Verschmelzung ist die Bedingung der stetig wachsenden Produktivität und Naturbeherrschung, die auch die Individuen – oder wenigstens deren Mehrzahl in den fortgeschrittensten Ländern – immer komfortabler am Leben erhält. So wird die Irrationalität zur Form der gesellschaftlichen *Vernunft*, zum vernünftigen Allgemeinen. Psychologisch – und das allein interessiert uns hier – verringert sich die Differenz zwischen Herrschaft und Freiheit. Das Individuum reproduziert in seinem Tiefsten, in seiner Triebstruktur, die Wertungen und Verhaltensweisen, die der Aufrechterhaltung der Herrschaft dienen, während die Herrschaft immer weniger autonom, immer weniger »persönlich«, immer objektiver und allgemeiner wird. Was eigentlich herrscht, ist der zur unteilbaren Einheit gewordene ökonomische, politische und kulturelle Apparat, den die gesellschaftliche Arbeit aufgebaut hat.

Allerdings hat das Individuum von jeher die Herrschaft aus sich heraus reproduziert, und diese Reproduktion diente der vernünftigen Selbsterhaltung und Selbstentwicklung in dem Maße, in dem die Herrschaft das Allgemeine vertrat und entwickelte. Das Allgemeine hat sich von jeher in der Opferung des Glücks und der Freiheit eines großen Teils der Menschen durchgesetzt: es enthielt immer den Widerspruch gegen sich selbst, verkörpert in politischen und geistigen Kräften, die nach einer anderen Lebensform drängten. Was der gegenwärtigen Stufe eigen ist, ist die Stillstellung dieses Widerspruchs: die Bewältigung der Spannung zwischen der Positivität – der gegebenen Lebensform – und ihrer Negation – dem Widerspruch gegen diese Lebensform im Namen der geschichtlich möglichen größeren Freiheit. Wo heute die Stillstellung dieses Widerspruchs am weitesten fortgeschritten ist, da wird das Mögliche kaum noch gewußt und gewollt – gerade nicht von denen, von deren Wissen und Wollen seine Realisierung abzuhängen scheint, die es allein zum wirklich Möglichen machen könnten. In den technisch fortgeschrittensten Zentren der gegenwärtigen Welt ist die Gesellschaft wie nie zuvor zur Einheit zusammengeschmiedet: was möglich ist, wird definiert und realisiert durch die Mächte, die diese Einheit zustande gebracht haben; die Zukunft soll die ihre bleiben, und die Individuen sollen »in Freiheit« diese Zukunft wollen und herbeiführen.

»In Freiheit«, denn Zwang setzt den Widerspruch voraus, der im Widerstand sich äußern kann. Der totalitäre Staat ist nur eine der Formen – vielleicht eine schon veraltete Form –, in denen sich der Kampf gegen die geschichtliche Möglichkeit der Befreiung abspielt. Die andere, die demokratische Form verwirft den Terror, weil sie stark und reich genug ist, sich ohne ihn zu retten und zu reproduzieren: die meisten Individuen haben es in der Tat besser in ihr. Aber nicht dies, sondern die Weise, in der sie die ihr zur Verfügung stehenden Produktivkräfte organisiert und verwendet, bestimmt ihre geschichtliche Tendenz: auch sie hält trotz allen technischen Fortschritts die Gesellschaft auf der erreichten Stufe fest, auch sie arbeitet gegen geschichtlich mögliche, neue Formen der Freiheit. In diesem Sinne ist auch ihre Rationalität regressiv, obgleich sie mit schmerzloseren und bequemeren Mitteln und Methoden arbeitet. Aber daß sie dies tut, darf das Bewußtsein nicht verdrängen, daß auch hier die Freiheit gegen ihre Vollendung, die Wirklichkeit gegen ihre Möglichkeit ausgespielt wird.

Wenn eine mögliche Freiheit der wirklichen gegenübergestellt, ja die letztere im Lichte der ersteren gesehen wird, so setzt dies voraus, daß auf der gegenwärtigen Kulturstufe viel von der den Menschen auferlegten Mühsal, Entsagung, Kontrolle nicht mehr durch Lebensnot, Kampf ums Dasein, Armut und Schwäche gerechtfertigt ist. Die Gesellschaft könnte sich einen hohen Grad von Triebbefreiung leisten, ohne ihre Errungenschaften einzubüßen oder ihren Fortschritt aufzuhalten. Die in der Freudschen Theorie angezeigte Grundrichtung solcher Befreiung wäre die Zurücknahme eines großen Teils der auf entfremdete Arbeit abgelenkten Triebenergie und deren Freilassung für die Erfüllung der sich autonom – und nicht manipuliert – entwickelnden Bedürfnisse der Individuen. Das wäre in der Tat auch *Entsublimierung* – aber eine Entsublimierung, die auch noch die »vergeistigtesten« Manifestationen menschlicher Energie, anstatt sie zu zerstören, vielmehr als Möglichkeiten glückhafter Befriedigung entwerfen würde. Das Resultat wäre: nicht Rückfall in die Vorgeschichte der Kultur, sondern fundamentale Veränderung im Inhalt und Ziel der Kultur, im Prinzip des Fortschritts. Ich werde versuchen, dies an anderer Stelle zu erläutern[2]; hier möchte ich nur darauf hinweisen, daß die Realisierung dieser Möglichkeit wesentlich veränderte gesellschaftliche Institutionen der Kultur voraussetzt. So erscheint sie als eine Katastrophe in der bestehenden Kultur und der Kampf gegen sie als eine Notwendigkeit; und so werden die Kräfte, die auf sie hintreiben, lahmgelegt.

Solche Stillstellung der Dynamik der Freiheit ist in der Freudschen Trieblehre von der Psychologie aus aufgedeckt worden: Freud hat ihre Notwendigkeit, ihre Folgen für das Individuum und ihre Grenzen sichtbar gemacht. Wir wollen sie hier in den Begriffen der Freudschen Trieblehre, aber über sie hinausgehend, thesenhaft formulieren.

Im Rahmen der Kultur, wie sie sich als geschichtliche Realität entfaltet hat, ist Freiheit nur auf dem Grunde von Unfreiheit, das

[2] Vgl. H. Marcuse, »Die Idee des Fortschritts im Lichte der Psychoanalyse«, S. 42 ff.

heißt von Triebunterdrückung, möglich. Denn seiner Triebstruktur nach ist der Organismus ursprünglich auf Lustgewinnung ausgerichtet, vom *Lustprinzip* beherrscht: die Triebe streben nach der lustvollen Auflösung von Spannung, nach schmerzloser Bedürfnisbefriedigung. So aber widerstreben sie ursprünglich dem Aufschub der Befriedigung, der Beschränkung und Sublimierung der Lust, der nichtlibidinösen Arbeit. Aber Kultur *ist* Sublimierung: aufgeschobene, methodisch beherrschte, Unlust voraussetzende Befriedigung. Der »Kampf ums Dasein«, die »Lebensnot«, die Kooperation erzwingen Entsagung und Repression im Interesse von Sicherheit, Ordnung, Zusammenleben. Kultureller Fortschritt besteht in der immer größeren und bewußteren Produktion der technischen, materiellen und intellektuellen Bedingungen des Fortschritts – in der selbst unbefriedigenden Arbeit an den Mitteln der Befriedigung. Freiheit in der Kultur hat ihre innere Schranke an der Notwendigkeit, im Organismus Arbeitskraft zu gewinnen und zu erhalten – ihn aus einem Subjekt-Objekt der Lust in ein Subjekt-Objekt der Arbeit zu verwandeln. Dies ist der gesellschaftliche Inhalt der Überwindung des Lustprinzips durch das *Realitätsprinzip,* das vom frühesten Kindheitsalter an zum herrschenden Prinzip der psychischen Prozesse wird. Erst diese Verwandlung, die an den Menschen eine unheilbare Wunde zurückläßt, macht sie gesellschafts- und damit lebensfähig, denn ohne gesicherte Kooperation ist ein Überleben in der kargen und feindlichen Umwelt unmöglich. Erst diese traumatische Verwandlung, die im echten Sinne eine »Entfremdung« des Menschen von der Natur, von seiner Natur ist, macht auch den Menschen genußfähig: erst der verhaltene und gemeisterte Trieb erhöht die bloß natürliche Bedürfnisbefriedigung zur empfundenen und begriffenen Lust – zum Glück.

Aber von hier an ist auch alles Glück nur gesellschaftsfähiges Glück, und die Freiheit des Menschen wächst auf dem Boden der Unfreiheit. Diese Verflechtung ist nach der Theorie Freuds unabwendbar und unauflöslich. Um dies zu verstehen, müssen wir seiner Trieblehre noch ein Stück folgen; wir gehen dabei von der späten Fassung aus, wie sie nach 1920 entwickelt worden ist. Es ist die metapsychologische, sogar metaphysische Fassung, aber vielleicht gerade deswegen auch diejenige, die den tiefsten und revolutionären Kern der Freudschen Theorie enthält.

Der Organismus entwickelt sich in der Wirkung von zwei ursprünglichen Grundtrieben: der Lebenstriebe (Sexualität, jetzt von Freud vorwiegend *Eros* genannt) und des *Todes-*, des Destruktionstriebes. Während jene zur Zusammenfassung lebendiger Substanz in immer größeren und dauerhafteren Einheiten drängen, will der Todestrieb die Regression zu dem bedürfnis- und daher schmerzlosen Zustand vor der Geburt: er treibt zur Vernichtung des Lebens, zum Rückfall in die anorganische Materie. Der mit einer solchen antagonistischen Triebstruktur ausgestattete Organismus findet sich in einer Umwelt, die für die unmittelbare Befriedigung der Lebenstriebe zu arm und zu feindselig ist. Eros will Leben unter dem Lustprinzip, während die Umwelt diesem Ziel entgegensteht. Die Umwelt erzwingt daher, sobald die Lebenstriebe sich den Todestrieb unterworfen haben (eine Unterwerfung, die mit dem Beginn und der Dauer des Lebens koexistent ist), eine entscheidende Modifikation der Triebe: diese werden teils von ihrem ursprünglichen Ziel abgelenkt oder auf dem Weg dahin gehemmt, teils in ihrem Triebfelde beschränkt und in ihrer Richtung verändert.[3] Das Ergebnis dieser Modifikation ist gehemmte, aufgeschobene, ersetzte – aber auch gesicherte, nützliche und relativ dauernde Befriedigung.

Die psychische Dynamik erscheint so als der ständige Kampf dreier Grundmächte: des Eros, des Todestriebs und der Außenwelt. Ihnen entsprechen die drei Grundprinzipien, die nach Freud die Funktionen des psychischen Apparats bestimmen: das *Lustprinzip*, das *Nirwana-Prinzip* und das *Realitätsprinzip*. Steht das Lustprinzip für die uneingeschränkte Entfaltung der Lebenstriebe, das Nirwana-Prinzip für die Regression in den schmerzlosen Zustand vor der Geburt, so bedeutet das Realitätsprinzip die

---

[3] Die in dieser Konzeption vorausgesetzte »Plastizität« der Triebe sollte allein schon die Auffassung widerlegen, daß die Triebe wesentlich unveränderliche biologische Substrate sind: nur die »Energie« der Triebe und – teilweise – ihre »Lokalisierung« bleiben im Grunde unverändert.

Totalität der von der Außenwelt erzwungenen Modifikationen jener Triebe, die »Vernunft« als die Wirklichkeit selber.

Es scheint, daß sich hinter der Dreiteilung eine Zweiteilung verbirgt: wenn der Todestrieb zur Vernichtung des Lebens drängt, weil Leben Überwiegen von Unlust, Spannung, Bedürfnis ist, dann wäre auch das Nirwana-Prinzip eine Form des Lustprinzips, und der Todestrieb käme in gefährliche Nähe zum Eros. Andererseits scheint Eros selbst an der Natur des Todestriebes teilzuhaben: der Drang nach Stillstellung, Verewigung der Lust indiziert auch im Eros einen triebhaften Widerstand gegen das Auftreten immer neuer Spannungen, gegen das Aufgeben eines erreichten lustvollen Gleichgewichtszustandes, der, wenn nicht lebensfeindlich, so doch statisch und daher »fortschrittsfeindlich« ist. Freud hat die ursprüngliche Einheit der beiden entgegengesetzten Triebe gesehen: er hat von der ihnen gemeinsamen *»konservativen Natur«* gesprochen, von der »inneren Schwere« und »Trägheit« alles Lebens. Er hat diesen Gedanken, fast möchte man sagen: erschrocken, wieder von sich gewiesen und an der Dualität von Eros und Todestrieb, Lustprinzip und Nirwana-Prinzip festgehalten – trotz der von ihm mehrfach betonten Schwierigkeit, andere als ursprünglich libidinöse Triebe im Organismus aufzuweisen. Es ist die wirksame »Mischung« der beiden Grundtriebe, die das Leben definiert: der Todestrieb, obgleich in den Dienst des Eros gezwungen, behält die ihm eigene Energie. Nur daß diese destruktive Energie von dem eigenen Organismus abgelenkt und als gesellschaftlich nützliche Aggression gegen die Außenwelt – die Natur und die erlaubten Feinde – gerichtet, oder als Gewissen, als Moralität vom Über-Ich zur gesellschaftlich nützlichen Beherrschung der eigenen Triebe verwendet wird.

In dieser Form werden die Destruktionstriebe den Lebenstrieben dienstbar – aber nur, indem auch diese sich entscheidend verwandeln. Freud hat den größten Teil seines Werkes der Analyse der Verwandlungen des Eros gewidmet; hier soll nur das herausgehoben werden, was für das Schicksal der Freiheit bestimmend wird. Eros als Lebenstrieb ist Sexualität, und Sexualität ist in ihrer ursprünglichen Funktion »Lustgewinnung aus Körperzonen« – nicht mehr und nicht weniger. Freud setzt ausdrücklich hinzu: Lustgewinnung, die erst »nachträglich in den Dienst der Fortpflanzung gestellt wird«.[4] Damit ist der »polymorph-perverse« Charakter der Sexualität angezeigt: die Triebe sind ihrem Objekt nach indifferent gegenüber dem eigenen und fremden Körper; und vor allem sind sie nicht auf bestimmte Teile lokalisiert und auf spezielle Funktionen eingeschränkt. Der Primat der genitalen Sexualität und der Reproduktion – die dann zur Reproduktion in der monogamen Ehe wird – ist gewissermaßen ein nachträglicher: späte Leistung des Realitätsprinzips, das heißt geschichtliche Leistung der Menschengesellschaft in ihrem notwendigen Kampf gegen das gesellschaftsunfähige Lustprinzip. Ursprünglich[5] ist der Organismus in seiner Ganzheit und in allen seinen Betätigungen und Beziehungen potentielles Feld der Sexualität, vom Lustprinzip beherrscht. Und gerade deswegen muß er *desexualisiert* werden, um sich in unlustvoller Arbeit betätigen, ja in ihr leben zu können.

Wir können hier nur die beiden wichtigsten Momente in dem von Freud beschriebenen Desexualisierungs-Prozeß hervorheben: erstens die Absperrung der sogenannten »Partialtriebe«, das heißt der prä- und nichtgenitalen Sexualität, die von dem Körper als erogener Gesamtzone ausgeht. Sie werden unselbständig, treten als Vorstadien in den Dienst der Genitalität und damit der Reproduktion, oder sie werden sublimiert und, im Falle des Widerstandes, unterdrückt und als Perversionen tabuiert; zweitens die Entsinnlichung der Sexualität und des Sexualobjektes in der »Liebe« – die ethische Bewältigung und Eindämmung des Eros. Sie ist eine der größten Leistungen der Kulturgesellschaft – und eine der spätesten. Sie erst macht die patriarchalisch-monogame Familie zur »intakten Keimzelle« der Gesellschaft.

Die Überwindung des Ödipuskomplexes ist die Voraussetzung.

---

[4] S. Freud, »Abriß der Psychoanalyse«, *Werke* Bd. XVII, S. 75.

[5] Der Begriff »ursprünglich« hat im Sinne Freuds in eins strukturelle – funktionale – und zeitliche, ontogenetische und phylogenetische Bedeutung. Die »ursprüngliche« Triebstruktur war die in der Vorgeschichte der Gattung herrschende. Sie wird in der Geschichte verwandelt, bleibt als Untergrund, vorbewußt und unbewußt, in der Geschichte des Individuums und der Gattung wirksam – am sichtbarsten in der frühen Kindheit. Die Idee, daß die Menschheit, in ihren Individuen und in ihrer Allgemeinheit, noch von »archaischen« Mächten beherrscht ist, ist eine der brisanten Einsichten Freuds.

In diesem Prozeß wird der ursprünglich allumfassende Eros auf die Spezialfunktion der – genitalen – Sexualität und ihrer Inzidenzen reduziert. Erotik wird auf das gesellschaftlich akzeptable Minimum eingeschränkt. Nun ist Eros nicht mehr eigentlich der den ganzen Organismus durchwaltende Lebenstrieb, der zum Gestaltungsprinzip der menschlichen und natürlichen Umwelt werden will – er ist zur Privatangelegenheit geworden, für die in den notwendigen gesellschaftlichen Beziehungen der Menschen, den Arbeitsbeziehungen, weder Zeit noch Raum ist und die nur als Reproduktionsfunktion »allgemein« wird. Die Triebunterdrückung – denn auch die Sublimierung ist Unterdrückung – wird zur Grundbedingung des Lebens in der Kulturgesellschaft.

Diese biologisch-psychologische Verwandlung bestimmt nun die Grunderfahrung der menschlichen Existenz und das Ziel des menschlichen Lebens. Das Leben wird erfahren als Kampf mit sich selbst und mit der Umwelt, es wird erlitten und erobert. Unlust, nicht Lust ist seine Substanz; Glück ist Belohnung, Erholung, Zufall, Augenblick – jedenfalls nicht Ziel der Existenz. Dies ist vielmehr die *Arbeit.* Und die Arbeit ist wesentlich entfremdete Arbeit. Nur in privilegierten Situationen arbeitet der Mensch in seinem Beruf » für sich«, befriedigt er in seinem Beruf seine eigenen, sublimierten und unsublimierten, Bedürfnisse; im Normalfall ist er ganztägig mit der Ausübung einer vorgegebenen gesellschaftlichen Funktion beschäftigt, während seine – ohnehin behinderte – Selbsterfüllung auf die spärliche Freizeit eingeschränkt ist. Die gesellschaftliche Zeitgestaltung folgt strukturell der in der Kindheit abgeschlossenen Triebgestaltung: erst die Einschränkung des Eros ermöglicht die Einschränkung der freien, das heißt lustvollen Zeit auf ein von der ganztägigen Arbeit abgesetztes Minimum. Und die Zeiteinteilung ist die Einteilung der Existenz selbst in den Hauptinhalt »entfremdete Arbeit« und den Nebeninhalt »Nicht-Arbeit«.

Aber die das Lustprinzip entthronende Triebgestaltung ermöglicht auch die Ethik, die in der Entwicklung der westlichen Kultur immer bestimmender geworden ist. Das Individuum reproduziert *instinktiv* die kulturelle Verneinung des Lustprinzips, die Entsagung und das Pathos der Arbeit: in den repressiv modifizierten

Trieben wird die gesellschaftliche Gesetzgebung zur eigenen Gesetzgebung des Individuums; die notwendige Unfreiheit erscheint als Tat seiner Autonomie und damit als Freiheit. Wenn die Freudsche Trieblehre hier haltgemacht hätte, wäre sie wenig mehr als die psychologische Begründung des idealistischen Freiheitsbegriffs, der seinerseits die Tatsachen der kulturellen Herrschaft philosophisch begründet hatte. Dieser philosophische Begriff bestimmt Freiheit im Gegenzug zur Lust, so daß Beherrschung, ja selbst Unterdrückung der sinnlichen Triebziele als Bedingung der Möglichkeit der Freiheit erscheinen. Für Kant ist Freiheit wesentlich moralische – innere, intelligible – Freiheit und als solche *Zwang:* »Je weniger der Mensch physisch, je mehr er dagegen moralisch (durch die bloße Vorstellung der Pflicht) kann gezwungen werden, desto freier ist er.«[6] Der Schritt vom Reich der Notwendigkeit zum Reich der Freiheit ist hier der Fortschritt vom physischen zum moralischen Zwang – aber das Objekt des Zwanges bleibt dasselbe: der Mensch als Glied der »Sinnenwelt«. Und der moralische Zwang ist nicht bloß moralischer: er hat seine sehr physischen Institutionen; von der Familie bis zur Fabrik und Armee umgeben sie das Individuum als die wirksamen Verkörperungen des Realitätsprinzips. Auf diesem doppelten Grunde des moralischen Zwanges entfaltet sich die politische Freiheit: dem Absolutismus abgerungen in blutigen Straßenkämpfen und Schlachten, wird sie eingerichtet, gesichert – und stillgestellt in der Selbstdisziplin und Selbstentsagung der Individuen. Sie haben gelernt, daß ihre unveräußerliche Freiheit unter Pflichten steht, von denen die Triebunterdrückung nicht die geringste ist. Moralischer und physischer Zwang haben einen gemeinsamen Nenner: *Herrschaft.*

Sie ist die allgemeine Vernunft der Kulturentwicklung. In ihrer Anerkennung ist Freud mit der idealistischen Ethik und der liberalbürgerlichen Politik einig. Freiheit muß den Zwang enthalten: Lebensnot, der Kampf ums Dasein und die amoralische Natur der Triebe machen Triebunterdrückung unabdingbar; Fortschritt

---

[6] I. Kant, *Die Metaphysik der Sitten,* 2. Teil: *Metaphysische Anfangsgründe der Tugendlehre,* Einleitung; in: *Gesammelte Schriften* Bd. VI, Berlin 1907, S. 382, Anm.

oder Barbarei ist die Alternative. Wieder muß betont werden, was für Freud der tiefste Grund für die Notwendigkeit der Triebunterdrückung ist: der integrale Anspruch des Lustprinzips, das heißt die konstitutionelle Ausrichtung des Organismus auf Ruhe in der Erfüllung, Befriedigung, Frieden. Die »konservative Natur« der Triebe macht sie im tiefsten Sinn unproduktiv – unproduktiv für die entfremdete Produktivität, die den kulturellen Fortschritt antreibt, so unproduktiv, daß sogar die Selbsterhaltung des Organismus kein ursprüngliches Triebziel ist, solange Selbsterhaltung Überwiegen von Unlust ist. In Freuds später Trieblehre gibt es keinen selbständigen Selbsterhaltungstrieb mehr: er ist entweder Manifestation des Eros oder der Aggression. Deshalb müssen Unproduktivität und Konservatismus überwunden werden, wenn sich die Gattung im kulturellen Zusammenleben entfalten soll: Ruhe und Frieden, das Lustprinzip taugen nichts im Kampf ums Dasein: »Das Programm, welches uns das Lustprinzip aufdrängt, glücklich zu werden, ist nicht zu erfüllen.«[7]

Die repressive Triebverwandlung wird zur biologischen Konstitution des Organismus: die Geschichte waltet in der Triebstruktur selbst; Kultur wird zur Natur, sobald das Individuum gelernt hat, das Realitätsprinzip aus sich heraus triebmäßig zu bejahen und zu reproduzieren. Durch die Einschränkung des Eros zur Partialfunktion der Sexualität und durch die Nutzbarmachung des Destruktionstriebs wird das Individuum *seiner Natur nach* zum Subjekt-Objekt gesellschaftlich-nützlicher Arbeit, der Natur- und Menschenbeherrschung. Auch die Technik ist aus der Unterdrükkung geboren; noch die höchsten Errungenschaften zur Erleichterung der menschlichen Existenz bezeugen ihre Herkunft in der vergewaltigten Natur und in den verstumpften Menschenwesen. »Die individuelle Freiheit ist kein Kulturgut.«[8]

Die repressive Triebverwandlung wird zur psychologischen Grundlage einer *dreifachen Herrschaft,* sobald sich die Kulturgesellschaft verfestigt hat: erstens einer Herrschaft über sich selbst,

---

[7] S. Freud, »Das Unbehagen in der Kultur«, *Werke* Bd. XIV, S. 442.
[8] A. a. O., S. 455.

über die eigene Natur, über die sinnlichen Triebe, die nur Genuß und Befriedigung wollen; zweitens einer Herrschaft über die von den so disziplinierten und beherrschten Individuen geleistete Arbeit; und drittens einer Herrschaft über die äußere Natur: Wissenschaft und Technik. Und zu der so gegliederten Herrschaft gehört die ihr eigene *dreifache Freiheit:* erstens Freiheit von der bloßen Notwendigkeit der Triebbefriedigung, Freiheit zur Entsagung und damit zum gesellschaftlich tragbaren Genuß – moralische Freiheit; zweitens Freiheit von willkürlicher Gewalt und von der Anarchie des Kampfs ums Dasein, Freiheit in der arbeitsteiligen Gesellschaft, mit gesetzlichen Rechten und Pflichten – politische Freiheit; und drittens Freiheit von der Naturgewalt, Naturbeherrschung, Freiheit zur Veränderung der Welt durch die menschliche Vernunft – intellektuelle Freiheit.

Die gemeinsame psychische Substanz dieser dreifachen Freiheit ist *Unfreiheit:* Herrschaft über die eigenen Triebe, die, durch die Gesellschaft zur Natur gemacht, die Institutionen der Herrschaft verewigt. Aber die kulturelle Unfreiheit ist eine Unterdrückung besonderer Art: sie ist vernünftige Unfreiheit, vernünftige Herrschaft. Sie ist vernünftig, insofern erst sie den Aufstieg vom Menschentier zum Menschenwesen, von der Natur zur Kultur möglich macht. Aber bleibt sie vernünftig, wenn die Kultur sich voll entfaltet hat?

Hier ist der Punkt, wo die Freudsche Trieblehre die Kulturentwicklung in Frage stellt. Die Frage erwuchs im Verlauf der psychoanalytischen Praxis, der klinischen Erfahrung, die für Freud den Zugang zur Theorie eröffnete. Die Kultur wird also im Individuum und vom Individuum aus in Frage gestellt – und zwar vom kranken, neurotischen Individuum aus. Die Krankheit ist individuelles Geschick, Privatgeschichte; aber in der Psychoanalyse enthüllt sich das Private als Partikularität des allgemeinen Schicksals, der traumatischen Wunde, die die repressive Triebverwandlung dem Menschen zugefügt hat. Wenn Freud dann fragt: was hat die Kultur aus dem Menschen gemacht?, so kontrastiert er nicht die Kultur mit der Idee irgendeines »natürlichen« Zustandes, sondern mit den sich geschichtlich entwickelnden Bedürfnissen der Individuen und mit den Möglichkeiten ihrer Erfüllung.

Freuds Antwort ist im Kern von mir bereits angedeutet worden. Je mehr die Kultur fortschreitet, je gewaltiger ihr Apparat zur Entwicklung und Befriedigung der gesellschaftlichen Bedürfnisse wird, desto drückender sind die Opfer, die sie den Individuen auferlegen muß, um die erforderte Triebstruktur aufrechtzuerhalten.

Die in der Freudschen Konzeption enthaltene These behauptet, daß die Repression mit dem Kulturfortschritt zunimmt, weil die zu unterdrückende Aggression zunimmt. Die Behauptung scheint mehr als fragwürdig, wenn wir die gegenwärtigen Freiheiten mit den vorhergegangenen vergleichen. Sicherlich ist die Sexualmoral weit mehr aufgelockert, als sie es im neunzehnten Jahrhundert war; sicherlich ist die patriarchalische Autoritätsstruktur und mit ihr die Familie als Agentur der Erziehung, der »Sozialisierung« des Individuums sehr geschwächt; sicherlich sind die politischen Freiheitsrechte in der westlichen Welt viel weiter verbreitet, als sie es vordem waren, wenn auch die Substanz der faschistischen Periode in ihnen wieder lebendig ist und das Wachstum der Aggression nicht erst bewiesen zu werden braucht. Immerhin, die von Freud behauptete wesentliche Verbindung dieser Tatsachen mit der Triebdynamik ist keineswegs einleuchtend, wenn wir die größere Liberalität der privaten und öffentlichen Moral betrachten. Aber die gegenwärtige Situation erscheint in anderem Licht, wenn wir die Freudschen Kategorien konkreter auf sie anwenden.

II

Meine Damen und Herren!

Wir sagten, daß, je mehr die Kultur fortschreitet, die Opfer um so drückender sind, die die Kultur den Individuen auferlegen muß. Dies scheint aber in Widerspruch zu der größeren Liberalität in der gegenwärtigen gesellschaftlichen Situation zu stehen. Lassen Sie uns nun versuchen, diese gegenwärtige Situation unter dem Aspekt der Freudschen Trieblehre zu sehen. Wir wollen dies hier nur ganz kurz in zwei Richtungen andeuten, zunächst in bezug auf die *Verdinglichung* und *Automatisierung* des *Ichs*. Nach der Freudschen Trieblehre setzt sich das Realitätsprinzip hauptsächlich in den Prozessen durch, die sich zwischen Es, Ich und Über-Ich abspielen, zwischen Unbewußtem, Bewußtsein und Außenwelt. Das Ich, oder vielmehr der bewußte Teil des Ichs, kämpft einen Zweifrontenkrieg gegen das Es und die Außenwelt, in oft wechselnden Bündnissen und Bindungen. Der Kampf geht wesentlich um das erlaubte Maß an Triebfreiheit und um die vorzunehmenden Modifizierungen, Sublimierungen und Verdrängungen. In ihm hat das bewußte Ich eine führende Rolle: die Entscheidung ist wirklich *seine;* es ist, wenigstens im Normalfall des reifen Individuums, der verantwortliche Herr über die psychischen Prozesse. In dieser Herrschaft hat sich nun etwas Entscheidendes geändert. Franz Alexander hat darauf hingewiesen, daß das Ich sozusagen »körperlich« wird, und daß seine Reaktionen auf die Außenwelt und auf die aus dem Es vordringenden Triebwünsche immer »automatischer« werden. Die bewußten Prozesse der Auseinandersetzung werden mehr und mehr ersetzt durch unmittelbare, fast körperliche Reaktionen, bei denen das begreifende Bewußtsein, das Denken und selbst das eigene Fühlen eine sehr geringe Rolle spielen. Es ist, als ob der freie Raum, der dem Individuum für seine psychischen Prozesse zur Verfügung steht, sehr viel enger geworden ist; so etwas wie eine individuelle Psyche, mit ihren eigenen Ansprüchen und Entscheidungen, kann sich nicht mehr entfalten; der Raum ist besetzt von öffentlichen, gesellschaftlichen Mächten. Diese Reduzierung des – relativ – autonomen Ichs ist empirisch greifbar in den eingefrorenen Gesten der Menschen, in der wachsenden Passivität der Freizeit-Beschäftigung, die immer unausweichlicher entprivatisiert, zentralisiert, in schlechtem Sinne verallgemeinert und als verallgemeinerte kontrolliert wird. Sie ist das psychische Korrelat der gesellschaftlichen Bewältigung der Opposition, der Ohnmacht der Kritik, der technischen Gleichschaltung, der permanenten Mobilisierung des Kollektivs.

Der zweite Punkt ist die *Stärkung* der *außerfamiliären* Autorität. Die gesellschaftliche Entwicklung, die das Individuum als wirtschaftliches Subjekt entthront, hat auch die individualistische

Funktion der Familie zugunsten wirkungsvollerer Mächte aufs äußerste reduziert. Der jungen Generation wird das Realitätsprinzip weniger durch die Familie als außerhalb der Familie beigebracht; die gesellschaftlich nützlichen Verhaltensweisen und Reaktionen lernt sie außerhalb der geschützten Privatsphäre der Familie. Der moderne Vater ist kein sehr effektvoller Repräsentant des Realitätsprinzips, und die Auflockerung der Sexualmoral erleichtert die Überwindung des Ödipuskomplexes: der Kampf gegen den Vater büßt viel von seiner entscheidenden psychologischen Bedeutung ein. Aber gerade damit ist die Allgewalt der Herrschaft nicht geschwächt, sondern gestärkt. Gerade insofern die Familie Privatangelegenheit war, stand sie gegen die öffentliche Macht oder war wenigstens von ihr verschieden; je mehr die öffentliche Macht jetzt die Familie selbst beherrscht, das heißt, je mehr die Vorbilder und Beispiele von außen genommen werden, desto einheitlicher und ungebrochener wird die »Sozialisation« der jungen Generation im Interesse der öffentlichen Macht, als Teil der öffentlichen Macht. Auch hier wird der psychische Raum, in dem Anderssein und Unabhängigkeit aufkommen können, begrenzt und besetzt.

Um die geschichtliche Funktion dieser psychischen Veränderungen sichtbar zu machen, müssen wir versuchen, sie mit den gegenwärtigen politischen Gebilden zusammen zu sehen. Man hat den diese Gebilde bestimmenden Grundzug als *Massendemokratie* bezeichnet. Ohne die Berechtigung dieses Begriffs zu diskutieren, wollen wir kurz seine Hauptelemente angeben: in der Massendemokratie sind nicht mehr Individuen, auch nicht mehr identifizierbare individuelle Gruppen die wirklichen Elemente der Politik, sondern vereinheitlichte – oder gleichgeschaltete – *Totalitäten.* Sie erscheinen als zwei beherrschende Einheiten: erstens als der riesige Produktions- und Verteilungsapparat der modernen Industrie; und zweitens als die diesen Apparat bedienende Masse. Verfügung über den Apparat, oder selbst über seine Schlüsselstellungen, ist eo ipso Verfügung über die Masse, und zwar so, daß diese Verfügung sich gleichsam automatisch aus der Arbeitsteilung, als deren technisches Resultat, ergibt, als das Rationale des funktionierenden Apparats, der die Gesamtgesellschaft umspannt und erhält. Herrschaft erscheint so als technisch-administrative Qualität, und diese Qualität verbindet die verschiedenen, die Schlüsselstellungen des Apparats haltenden Gruppen – wirtschaftliche, politische, militärische – zu einem das Ganze vertretenden technisch-administrativen Kollektiv.

Ihm gegenüber werden die den Apparat bedienenden Gruppen vereinheitlicht zur Masse, zum Volk – es wird mit technischer Notwendigkeit zum Objekt der Verwaltung selbst dort, wo es als »Souverän« die Gewalt frei delegiert und demokratisch kontrolliert.

Diese technisch-administrative Kollektivierung erscheint als Ausdruck der objektiven Vernunft, das heißt als die Form, in der das Ganze sich reproduziert und erweitert. Alle Freiheiten sind durch sie vorbestimmt und vorgestaltet – unterworfen nicht so sehr der politischen Gewalt, als den rationalen Forderungen des Apparats. Dieser umgreift die öffentliche und die private Existenz der Individuen, der Verfügenden sowohl wie der, über die verfügt wird, umfaßt Arbeitszeit und Freizeit, Dienst und Erholung, Natur und Kultur. Damit aber greift der Apparat in das Innere der Person selbst ein, in ihre Triebe und in ihre Intelligenz, und zwar anders als dies auf früheren Stufen der Entwicklung geschehen ist: nämlich nicht mehr primär als brutal-äußere, personale oder natürliche Gewalt, nicht einmal mehr als das freie Wirken der Konkurrenz, der Wirtschaft, sondern als die vollkommen vergegenständlichte technische Vernunft, die als technologische doppelt vernünftig und methodisch kontrolliert – und gerechtfertigt ist.

Deshalb sind die Massen nicht mehr einfach die Beherrschten, sondern die Beherrschten, die *nicht mehr widersprechen,* oder deren Widerspruch selbst wieder in die Positivität eingeordnet wird, als kalkulierbares und manipulierbares Korrektiv, das Verbesserungen im Apparat erfordert. Was früher einmal politisches Subjekt war, ist Objekt geworden, und die früher unversöhnbaren antagonistischen Interessen scheinen in ein wirkliches Kollektivinteresse übergegangen zu sein.

Damit hat sich aber das politische Gebilde als Ganzes verwandelt. Den Objekten steht kein selbständiges Subjekt mehr gegenüber, das als herrschendes eigene definierbare Interessen und Ziele verfolgt. *Herrschaft tendiert dazu, neutral, auswechselbar zu werden,* ohne daß durch solchen Wechsel sich das Ganze selbst ändert; Herrschaft ist nur noch bedingt durch die Fähigkeit und das Interesse, den Apparat als Ganzes zu erhalten und zu erweitern. Lassen Sie mich noch kurz auf den sichtbaren politischen Ausdruck dieser Neutralisierung hinweisen, der das Gesagte vielleicht verständlicher machen kann. Es sind die in den fortgeschrittensten Ländern zunehmende Angleichung vormals entgegengesetzter politischer Parteien, ihrer Strategie und ihrer Ziele, die wachsende Vereinheitlichtung der politischen Sprache und Symbole und die trotz aller Widerstände sich durchsetzende supranationale und selbst suprakontinentale Vereinheitlichung, die auch vor Ländern mit sehr verschiedenen politischen Systemen nicht haltmacht. Ob die Neutralisierung der Gegensätze und die internationale Angleichung schließlich auch das Verhältnis der beiden sich gegenüberstehenden universalen Systeme der westlichen und östlichen Welt bestimmen werden? Anzeichen dafür sind vorhanden.

Dieser politische Exkurs mag dazu beitragen, die geschichtliche Funktion der von Freud aufgedeckten psychischen Dynamik zu erhellen. Die politische Kollektivierung hat ihr Gegenstück in der Gleichschaltung der psychischen Struktur, die oben kurz angedeutet wurde: die Vereinheitlichung von Ich und Über-Ich, durch die das Ich die freie Auseinandersetzung mit der Vaterherrschaft unmittelbar der gesellschaftlichen Vernunft überantwortet; der technisch-administrativen Qualität der Herrschaft entspricht die Automatisierung und Verdinglichung des Ichs, in der freie Aktionen zu Re-Aktionen versteinern.

Aber das seiner selbständigen Triebgestaltung beraubte und dem Über-Ich ausgelieferte Ich ist um so mehr Subjekt der Destruktion und um so weniger Subjekt des Eros. Denn das Über-Ich ist die gesellschaftliche Agentur der Repression und der Hort der gesellschaftlich-nützlichen Destruktion, die in der Psyche aufgespeichert wird. *So scheint es, daß die psychischen Atome der gegenwärtigen Gesellschaft selbst so explosiv sind wie die gesellschaftliche Produktivität.* Hinter der technisch-administrativen Vernunft der Vereinheitlichung erscheint die Gefahr der noch unbewältigten Irrationalität, in Freuds Sprache: die Schwere des Opfers, das die bestehende Kultur von den Individuen verlangen muß.

Die Tabus und Triebverbote, auf denen die gesellschaftliche Produktivität beruht, müssen mit wachsender Produktivität immer ängstlicher gehütet werden; dürfen wir – über Freud hinausgehend – sagen: weil die Versuchung, die wachsende Produktivität in Freiheit und Glück zu genießen, immer stärker und immer vernünftiger wird? Jedenfalls spricht Freud von einer »Verstärkung des Schuldgefühls« im Fortschritt der Kultur, seiner Steigerung »vielleicht bis zu Höhen, die der Einzelne schwer erträglich findet«[9]. Und er sieht in diesem Schuldgefühl den »Ausdruck des Ambivalenzkonflikts, des ewigen Kampfes zwischen dem Eros und dem Destruktions- oder Todestrieb«[10]. Das ist Freuds revolutionäre Einsicht: der das Schicksal der Zivilisation entscheidende Konflikt ist der zwischen der Wirklichkeit der Repression und der beinahe ebenso wirklichen Möglichkeit ihrer Aufhebung, zwischen der für die Kultur notwendigen Steigerung des Eros und der ebenso notwendigen Niederhaltung seiner Lustansprüche. In dem Maße, in dem zusammen mit dem wachsenden gesellschaftlichen Reichtum die Befreiung des Eros immer absehbarer wird, wird seine Repression immer härter. Und so, wie diese Repression die Kraft des Eros schwächt, den Todestrieb zu binden, löst sie eben damit die Fesseln der destruktiven Energie und befreit Aggression in bisher unbekanntem Maße, was wiederum intensivere Kontrolle und Manipulation zur politischen Notwendigkeit macht.

Das ist die fatale Dialektik der Kultur, die nach Freud ausweglos ist – ebenso ausweglos wie der Kampf zwischen Eros und Todestrieb, Produktivität und Destruktion. Wenn wir aber berechtigt sind, in diesem Kampf auch den Widerspruch zwischen gesellschaftlich notwendiger Unterdrückung und der geschichtlichen Möglichkeit ihrer Aufhebung zu sehen, dann wäre das sich

---

[9] A. a. O., S. 493.
[10] A. a. O., S. 492.

verstärkende »Schuldgefühl« von demselben Widerspruch befallen: die Schuld liegt dann nicht nur in dem Fortwirken verbotener Triebregungen – gegen den Vater und für die Mutter –, sondern auch in der Hinnahme und sogar in dem Einverständnis mit der Unterdrückung, das heißt in der Wiedereinsetzung, Verinnerlichung und Vergöttlichung der Vaterherrschaft und damit der Herrschaft überhaupt. Was auf primitiveren Kulturstufen – vielleicht – nicht nur eine gesellschaftliche, sondern auch eine biologische Notwendigkeit war, die die Weiterentwicklung der Gattung sicherte, ist auf der Höhe der Kultur eine bloß noch gesellschaftliche, politische »Notwendigkeit« für die Erhaltung des Status quo geworden. Das Inzestverbot war die geschichtliche und strukturelle *prima causa* für die ganze Kette von Tabus und Repressionen, welche die patriarchalisch-monogame Gesellschaft charakterisieren. Sie verewigen die Unterwerfung der Befriedigung unter die sich selbst transzendierende und zerstörende Produktivität, die Verstümmelung des Eros, der Lebenstriebe. Daher das Schuldgefühl über eine versäumte, verratene Freiheit.

Freuds Bestimmung des Kulturkonflikts als Ausdruck des ewigen Kampfes zwischen Eros und Todestrieb weist auf einen inneren Widerspruch in der Freudschen Theorie zurück, der seinerseits als echter Widerspruch die von der Psychoanalyse beinahe verdrängte Möglichkeit der Lösung enthält. Freud betont, daß die »Kultur einem inneren erotischen Antrieb gehorcht, der sie die Menschen zu einer innig verbundenen Masse vereinigen heißt«[11]. Wenn dem so ist, wie kann die von Freud ebenfalls immer wieder betonte amoralische und asoziale, ja antimoralische und antisoziale Natur des Eros zugleich eine »kulturschaffende« sein? Wie kann der integrale Anspruch des Lustprinzips, der sogar den Selbsterhaltungstrieb überwiegt, wie kann der polymorph-perverse Charakter der Sexualität erotischer Antrieb zur Kultur sein? Es hilft nichts, die beiden Seiten des Widerspruchs zeitlich auf zwei aufeinander folgende Entwicklungsstufen zu verteilen: Freud schreibt beide Seiten der

[11] A. a. O.

ursprünglichen Natur des Eros zu. Wir müssen vielmehr den Widerspruch festhalten und in ihm selbst die Überwindung suchen.

Wenn Freud den Sexualtrieben das »Ziel« zuschreibt, »das Organische zu immer größeren Einheiten zusammenzufassen«[12], immer »größere Einheiten herzustellen und zu erhalten«[13], so ist dieser Drang in jedem lebenerhaltenden Prozeß wirksam, von der ersten Vereinigung von Keimzellen bis zur Bildung von kulturellen Gemeinschaften: Gesellschaft und Nation. Dieser Drang steht unter dem Lustprinzip: es ist gerade der polymorphe Charakter der Sexualität, der über die Spezialfunktion, auf die er eingeschränkt wird, hinaus zu intensiver und erweiterter Lustgewinnung treibt, zur Herstellung libidinöser Beziehungen zu den Mitmenschen, zur Herstellung einer libidinösen, das heißt glückhaften Umwelt. *Kultur stammt aus der Lust:* der Satz muß in seiner ganzen Provokation festgehalten werden. Freud schreibt: »Es geschieht in den sozialen Beziehungen der Menschen dasselbe, was der psychoanalytischen Forschung in dem Entwicklungsgang der individuellen Libido bekanntgeworden ist. Die Libido lehnt sich an die Befriedigung der großen Lebensbedürfnisse an und wählt die daran beteiligten Personen zu ihren ersten Objekten. Und wie beim Einzelnen, so hat auch in der Entwicklung der ganzen Menschheit nur die Liebe als Kulturfaktor im Sinne einer Wendung vom Egoismus zum Altruismus gewirkt.«[14] Es ist Eros – nicht Agape –, der noch nicht in sublimierte und unsublimierte Energie gespaltene Trieb, von dem diese Wirkung ausgeht. Die *Arbeit,* deren Anteil an der Menschwerdung des Tieres so wesentlich ist, ist *ursprünglich libidinös.* Freud sagt ausdrücklich, daß sich die geschlechtliche sowohl wie die sublimierte Liebe »an die gemeinsame Arbeit knüpfte«.[15] Der Mensch beginnt zu arbeiten, weil er in der Arbeit – und nicht erst nach der Arbeit – Lust gewinnt: Spiel seiner Fähigkeiten und Erfüllung seiner Lebensbedürfnisse – nicht Mittel zum Leben, sondern Leben

[12] S. Freud, »Jenseits des Lustprinzips«, *Werke* Bd. XIII, S. 45.
[13] S. Freud, »Abriß der Psychoanalyse«, *Werke* Bd. XVII, S. 71.
[14] S. Freud »Massenpsychologie und Ich-Analyse«, *Werke* Bd. XIII, S. 112.
[15] A. a. O., S. 113.

selbst. Der Mensch beginnt die Kultivierung der Natur und seiner selbst, die Kooperation, um Lustgewinnung zu sichern und zu verewigen. Géza Róheim hat diese These vielleicht am eindringlichsten vertreten und zu beweisen versucht.

Wenn dem aber so ist, erfährt die Freudsche Konzeption der Beziehung zwischen Kultur und Triebdynamik eine entscheidende Korrektur. Dann ist der Konflikt von Lustprinzip und Realitätsprinzip weder biologisch notwendig noch unlösbar oder nur durch repressive Triebverwandlung lösbar. Und die repressive Lösung wäre nicht ein in die Geschichte verlängerter Naturprozeß, erzwungen durch eine unabdingbare »Lebensot«, Schwäche und Feindseligkeit, sondern eher ein zur Natur gewordener geschichtlich-gesellschaftlicher Prozeß. Die traumatische Verwandlung des Organismus in ein Instrument entfremdeter Arbeit ist *nicht* die psychische Bedingung der Kultur als solcher, sondern der Kultur als Herrschaft, das heißt einer spezifischen Form der Kultur. Konstitutionelle Unfreiheit wäre nicht die Bedingung von Freiheit in der Kultur, sondern nur von Freiheit in der herrschaftsmäßigen Kultur, die in der Tat die bestehende Kultur ist.

Freud hat in der Tat die Schicksale der Triebe aus dem Schicksal der Herrschaft abgeleitet: es ist der Despotismus des Urvaters, der die Triebentwicklung in die Bahn zwingt, die dann die vernünftig-herrschaftsmäßige Kultur psychologisch begründet, ohne jedoch je ihren Ursprung in der Urherrschaft zu verleugnen. Seit der Rebellion der Söhne und Brüder gegen den Urvater[16] und der Wiederaufrichtung und Verinnerlichung der Vaterherrschaft hängen Herrschaft, Religion und Moralität innig zusammen, und zwar so, daß letztere die Dauer und Gesetzmäßigkeit – die »Vernunft« – der Herrschaft psychologisch begründen, zugleich aber die Herrschaft *allgemein* machen. So wie alle an der Schuld – der Rebellion – teilhaben, so müssen alle Opfer bringen – auch die jetzt Herrschenden. Wie die Knechte unterwerfen sich auch die Herren den Beschränkungen der Triebbefriedigung, der Lust. Aber wie die Triebunterdrückung jeden Knecht zum »Herrn im eignen Hause« macht, so reproduziert sie auch die Herren über

[16] Vgl. H. Marcuse, »Die Idee des Fortschritts im Lichte der Psychoanalyse«, S. 43 ff.

alle Häuser: in der Triebunterdrückung befestigt sich die gesellschaftliche Herrschaft als die allgemeine Vernunft. Dies geschieht in der *Organisation der Arbeit.*

Die Entwicklung der Herrschaft durch die Organisation der Arbeit ist ein Prozeß, der der politischen Ökonomie angehört und nicht der Psychologie. Aber die von Freud aufgedeckten somatisch-psychischen Voraussetzungen dieser Entwicklung machen es möglich, den hypothetischen Punkt zu fixieren, wo die repressive Triebkultur aufhört, geschichtlich »vernünftig« zu sein und geschichtliche Vernunft zu reproduzieren. Um diese Möglichkeit deutlich zu machen, wollen wir die Hauptfaktoren der Triebdynamik, sofern sie für den Arbeitsprozeß entscheidend sind, noch einmal zusammenstellen: erstens machen die repressiven Modifikationen der Sexualität den Organismus frei für seine Verwendung als Instrument unlustvoller, aber gesellschaftlich nützlicher Arbeit. Zweitens, wenn diese Arbeit lebenslange Hauptbeschäftigung, das heißt allgemeines Lebens-Mittel geworden ist, ist die ursprüngliche Triebrichtung so gebrochen, daß nicht mehr die Befriedigung, sondern ihre Erarbeitung zum Lebensinhalt wird. Drittens reproduziert sich in dieser Weise die Kultur auf ständig erweiterter Stufenleiter. Die der Sexualität abgewonnene und sublimierte Energie vergrößert dauernd den psychischen »investment fund« für die wachsende Produktivität der Arbeit (technischer Fortschritt). Viertens schafft wachsende Produktivität der Arbeit wachsende Genußmöglichkeiten und somit die *mögliche* Umkehrung des gesellschaftlich erzwungenen Verhältnisses von Arbeit und Genuß, Arbeitszeit und freier Zeit. Aber die in den bestehenden Verhältnissen reproduzierte Herrschaft reproduziert auch die Sublimierung auf erweiterter Stufenleiter: die produzierten Genußgüter bleiben Waren, deren Genuß die Weiterarbeit in den bestehenden Verhältnissen voraussetzt. Befriedigung bleibt ein Nebenprodukt der unbefriedigenden Arbeit. Steigende Produktivität wird selbst zu jener Notwendigkeit, die sie beseitigen sollte. So werden fünftens die Opfer, die sich die vergesellschafteten Individuen seit dem Sturz des Urvaters auferlegt haben, immer unvernünftiger, je offenbarer die Vernunft ihren Sinn erfüllt und die anfängliche Lebensnot beseitigt hat. Und die

Schuld, die sie durch die Vergöttlichung und Verinnerlichung des Vaters (Religion und Moralität) sühnen wollten, bleibt ungesühnt, weil mit der Wiederherstellung der Vaterschaft, obwohl in der Form der vernünftigen Allgemeinheit, auch der – unterdrückte – Wunsch nach ihrer Vernichtung lebendig bleibt. Ja, die Schuld wird immer drückender, je mehr diese Herrschaft im Lichte der geschichtlichen Möglichkeiten der Befreiung ihren archaischen Charakter enthüllt.

Auf dieser Stufe der Entwicklung erscheint die Unfreiheit nicht mehr als Grundbedingung vernünftiger Freiheit, sondern als Fessel der Freiheit. Die Errungenschaften der herrschaftsmäßigen Kultur haben die Notwendigkeit der Unfreiheit aufgesprengt: der erreichte Grad der Naturbeherrschung und des gesellschaftlichen Reichtums ermöglicht eine Reduzierung der unbefriedigenden Arbeit auf ein Minimum, Quantität schlägt in Qualität um, freie Zeit kann zum Lebensinhalt, Arbeit kann zum freien Spiel menschlicher Fähigkeiten werden. Damit würde die repressive Triebstruktur ebenfalls aufgesprengt: die nicht mehr in unbefriedigender Arbeit aufgefangene Triebenergie würde frei werden und als Eros auf die Verallgemeinerung libidinöser Beziehungen und die Entfaltung einer libidinösen Kultur drängen. Aber obgleich im Lichte dieser Möglichkeit die Notwendigkeit der Triebunterdrükkung als unvernünftig erscheint, bleibt sie eine nicht nur gesellschaftliche, sondern biologische Notwendigkeit. Denn die Triebunterdrückung reproduziert in den Individuen selbst die Entsagung, und der Apparat der Bedürfnisbefriedigung, den sie aufgebaut haben, reproduziert die Individuen selbst als Arbeitskräfte.

Wir haben schon darauf hingewiesen, daß die Freudsche Trieblehre in ihrer Grundkonzeption das psychologische Gegenstück des ethisch-idealistischen Freiheitsbegriffes darzustellen scheint – trotz Freuds mechanistisch-materialistischem Seelenbegriff, Freiheit enthält ihre eigene Repression, ihre eigene Unfreiheit, weil ohne diese Unfreiheit der Mensch auf den Stand des Tiers zurückfallen würde: »Individuelle Freiheit ist kein Kulturgut.« Und wie die idealistische Ethik die die Sinnlichkeit unterdrückende Freiheit als ontologische Struktur interpretiert, in ihr das »Wesen« der menschlichen Freiheit sieht, so begreift Freud die Triebunterdrückung in eins als Kultur- und Naturnotwendigkeit: die Lebensnot, der Kampf ums Dasein und der anarchistische Charakter der Triebe setzen der Freiheit unüberschreitbare Grenzen. Wir können jetzt die Parallele noch weiterführen. Ein zweites Wesensmoment des idealistischen Freiheitsbegriffs, das in der Existentialphilosophie am deutlichsten sich ausdrückt, ist die Transzendenz: menschliche Freiheit ist die Möglichkeit, ja Notwendigkeit, über jede gegebene Situation der Existenz hinauszugehen, sie zu negieren, weil sie gegenüber den Möglichkeiten des Menschen selbst Negativität, Schranke, »Anderssein« ist. Die menschliche Existenz erscheint so, um Sartres Begriff zu verwenden, als ein ewiges »Projekt«, das nie zur Erfüllung, Fülle, Ruhe kommt: der Widerspruch zwischen Ansich und Für-sich kann nie im wirklichen An-und-für-sich-sein gelöst werden. Auch diese Negativität des Freiheitsbegriffs findet in der Freudschen Trieblehre ihre psychologische Formulierung.

Sie wird sichtbar, wenn wir wieder an die »konservative Natur« der Triebe erinnern, die den lebenslangen Konflikt zwischen Lustprinzip und Realitätsprinzip auslöst: weil die Grundtriebe wesentlich Befriedigung, Verewigung der Lust erstreben. Aber die Erfüllung dieses Strebens wäre der natürliche und der geschichtlich-gesellschaftliche *Tod* des Menschen: natürlich als der Zustand vor der Geburt, geschichtlich als der Zustand vor der Kultur. Sublimierung ist die psychologische Transzendenz, in der die kulturelle Freiheit besteht, die Negation der Negativität, die selbst noch negativ bleibt – nicht nur, weil sie Repression der Sinnlichkeit ist, sondern auch weil sie sich als Transzendenz selbst verewigt: die sich selbst antreibende Produktivität der Entsagung. Aber was in der idealistischen Ethik in der ontologischen Struktur verhüllt und eingehüllt bleibt und so als Krone des Menschlichen verklärt ist, erscheint bei Freud als traumatische Wunde, als die nach Heilung schreiende Krankheit, die die Kultur der Menschheit zugefügt hat. Nicht die Kehrseite, sondern die innere Logik der kulturellen Freiheit ist die sich steigernde Destruktion und Verkrampfung, die wachsende Angst, das »Unbehagen in der

Kultur«, das aus der Unterdrückung des Glückswunsches, aus dem Opfer der Glücksmöglichkeit erwächst – und das desto strenger beherrscht und kontrolliert werden muß, je näher die Kultur in ihrem Fortschritt die Glücksmöglichkeiten gebracht und ihre Realisierung aus der Utopie zur Wissenschaft gemacht hat.

So offenbart Freud die wirkliche Negativität der Freiheit, und indem er sich weigert, sie idealistisch zu verklären, bewahrt er die Idee einer möglichen und anderen Freiheit, in der mit der politischen auch die Trieb-Unterdrückung aufgehoben ist – aufgehoben im Sinn der Bewahrung dessen, was durch sie geleistet worden ist. In Freud ist nichts von einer Rückkehr zur Natur oder zum natürlichen Menschen: der Prozeß der Zivilisation ist irreversibel. Wenn Triebunterdrückung überhaupt so weit aufgehoben werden kann, daß das bestehende Verhältnis zwischen Arbeit und Genuß umgedreht und die archaische Sublimierung erotischer Energie zurückgenommen werden kann – wenn also Sinnlichkeit und Vernunft, Glück und Freiheit überhaupt in Harmonie oder gar Einheit gebracht werden können, dann ist dies nur auf der Höhe der Kulturentwicklung möglich, wo die Lebensnot wenigstens technisch beseitigt werden könnte und der Kampf ums Dasein nicht mehr ein Kampf um die Lebens-Mittel sein muß. Freud war mehr als skeptisch hinsichtlich dieser Möglichkeit. Er war es um so mehr, als er schon lange vor der Atom- und Wasserstoffbombe und vor der totalen Mobilisierung, die mit der Periode des Faschismus begonnen und offenbar noch nicht ihren Höhepunkt erreicht hat, den tiefen Zusammenhang zwischen wachsender Produktivität und wachsender Destruktion, zwischen wachsender Naturbeherrschung und wachsender Menschenbeherrschung gesehen hat. Er hat gesehen, daß die Menschen mit immer besseren und wirkungsvolleren Mitteln bei der Stange gehalten werden müssen, je größer der gesellschaftliche Reichtum geworden ist, der ihre sich frei – und nicht manipuliert – entwickelnden Bedürfnisse befriedigen könnte. Das ist vielleicht der letzte Grund für Freuds Behauptung, daß der Fortschritt der Kultur das Schuldgefühl auf kaum noch erträgliche Weise gesteigert hat – das Schuldgefühl wegen der verbotenen Triebwünsche, die trotz jahrelanger Unterdrückung noch immer wirksam sind. Er hat daran festgehalten, daß diese verbotenen und lebendigen Triebregungen letztlich die gegen den Vater und auf die Mutter gerichteten sind; aber in seinem späten Werk sind sie immer deutlicher von ihrer ersten biologisch-psychologischen Gestalt gelöst. Das Schuldgefühl ist jetzt als »der Ausdruck des Ambivalenzkonflikts, des ewigen Kampfes zwischen dem Eros und dem Destruktions- oder Todestrieb« bestimmt.[17] Und in rätselhafter Verkürzung heißt es: »Was am Vater begonnen wurde, vollendet sich an der Masse.«[18] Die Kultur gehorcht »einem inneren erotischen Antrieb«, wenn sie die Menschen zu »innig verbundenen« Gemeinschaften zusammenfaßt, sie gehorcht dem Lustprinzip. Aber Eros ist mit dem Todestrieb verbunden, das Lustprinzip mit dem Nirwana-Prinzip. Der Konflikt muß ausgefochten werden – und »solange diese Gemeinschaft nur die Form der Familie kennt«, äußert er sich im Ödipuskomplex. Um die volle Tragweite der Freudschen Konzeption zu verstehen, muß man sich vergegenwärtigen, wie in diesem Konflikt die Kräfte verteilt sind. Der Vater, der dem Sohn die begehrte Mutter verwehrt, vertritt den Eros, der die Regression des Todestriebes bändigt – und damit den repressiven Eros, der das Lustprinzip auf lebens-, aber auch gesellschaftsfähige Lust einschränkt und so erst destruktive Energie auslöst. Dem entspricht die Ambivalenz von Liebe und Haß im Verhältnis zum Vater. Die Mutter ist das Ziel des Eros und des Todestriebes: hinter dem sexuellen Wunsch steht der nach Regression in den Zustand vor der Geburt, die ungeschiedene Einheit von Lustprinzip und Nirwana-Prinzip *diesseits* des Realitätsprinzips und daher ohne Ambivalenz, die reine Libido. Der erotische Antrieb zur Kultur greift dann über die Familie hinaus und verbindet immer größere Gemeinschaften, der Konflikt verstärkt sich »in Formen, die von der Vergangenheit abhängen«: triumphierend erweitert sich die Vaterherrschaft und damit der Ambivalenzkonflikt. Auf der Höhe der Kultur spielt er sich in der Masse und gegen die Masse selbst ab, die den Vater in sich aufgenommen hat. Und je

[17] S. Freud, »Das Unbehagen in der Kultur«, *Werke* Bd. XIV, S. 492.
[18] A. a. O., S. 492 f.

allgemeiner die Herrschaft, desto allgemeiner die Destruktion, die durch sie ausgelöst wird. Der Kampf zwischen Eros und Todestrieb gehört zum innersten Wesen der Kulturentwicklung, *solange sie sich in Formen abspielt, die »von der Vergangenheit abhängen«.*

Wieder wird der von Freud so oft ausgesprochene Gedanke betont, daß die Geschichte der Menschheit immer noch von »archaischen« Mächten beherrscht wird, daß in uns noch die Vor- und Urgeschichte wirksam ist. Die »Wiederkehr des Verdrängten« ereignet sich an den gravierenden Wendepunkten der Geschichte: im Haß und in der Rebellion gegen den Vater, in der Vergöttlichung und Wiedereinsetzung der Vaterherrschaft. Die erotischen Antriebe zur Kultur, die zur Einheit von Glück und Freiheit drängen, verfallen immer wieder der Herrschaft, und der Protest wird in Destruktion erstickt. Nur selten und zaghaft hat Freud der Hoffnung Ausdruck gegeben, daß die Kultur die Freiheit, die sie schon so lange realisieren könnte, doch einmal verwirklichen und daß sie die archaischen Mächte besiegen wird. »Das Unbehagen in der Kultur« schließt mit den Worten: »Die Menschen haben es jetzt in der Beherrschung der Naturkräfte so weit gebracht, daß sie es mit deren Hilfe leicht haben, einander bis auf den letzten Mann auszurotten. Sie wissen das, daher ein gut Stück ihrer gegenwärtigen Unruhe, ihres Unglücks, ihrer Angststimmung. Und nun ist zu erwarten, daß die andere der beiden ›himmlischen Mächte‹, der ewige Eros, eine Anstrengung machen wird, um sich im Kampf mit seinem ebenso unsterblichen Gegner zu behaupten.«[19]

Das ist 1930 geschrieben. In dem Vierteljahrhundert, das seitdem vergangen ist, war von einer wachsenden Gegenwehr, von einer Nähe jener glückhaften Freiheit des kulturschaffenden Eros wahrlich nichts zu spüren. Oder sollte vielleicht die wachsende und sich immer vernünftiger gebärdende Destruktion andeuten, daß die Kultur einer Katastrophe entgegengeht, die in dem Zusammenbruch auch die archaischen Mächte mit hinabzieht und so den Weg zu einer höheren Stufe freimacht?

---

[19] A. a. O., S. 506.

Die Idee des Fortschritts im Licht der Psychoanalyse

Meine Damen und Herren!

Lassen Sie mich zu Beginn die beiden Haupttypen des Fortschrittsbegriffs definieren, die für die moderne Periode der westlichen Kultur charakteristisch sind. Einmal wird Fortschritt vorwiegend quantitativ bestimmt und vermieden, mit dem Begriff irgendwelche positiven Wertungen zu verbinden. Fortschritt besagt hiernach, daß im Laufe der Kulturentwicklung, trotz vieler Regressionsperioden, die menschlichen Kenntnisse und Fähigkeiten im ganzen genommen gewachsen sind und daß gleichzeitig ihre Anwendung im Sinne der Beherrschung der menschlichen und natürlichen Umwelt immer universaler geworden ist. Das Resultat dieses Fortschritts ist steigender gesellschaftlicher Reichtum. Im gleichen Maß, wie die Kultur sich fortentwickelt, vergrößert sie die Bedürfnisse der Menschen und zugleich die Mittel zu ihrer Befriedigung, wobei offenbleibt, ob solcher Fortschritt auch zur Vervollkommnung des Menschen, zu einer freieren und glücklicheren Existenz beiträgt. Diesen quantitativen Fortschrittsbegriff können wir den Begriff des *technischen* Fortschritts nennen und ihm den qualitativen Fortschrittsbegriff gegenüberstellen, wie er besonders in der idealistischen Philosophie und vielleicht am schlagendsten von Hegel ausgearbeitet worden ist. Hiernach besteht der Fortschritt in der Geschichte in der Verwirklichung der menschlichen *Freiheit,* der Moralität: immer mehr Menschen würden frei, und das Bewußtsein der Freiheit selbst stachelte zu einer Vergrößerung des Umkreises der Freiheit an. Das Resultat des Fortschritts besteht hier darin, daß die Menschen immer menschlicher werden, daß Sklaverei, Willkür, Unterdrückung, Leid abnehmen. Wir können diesen qualitativen Fortschrittsbegriff die Idee des *humanitären* Fortschritts nennen.

Nun besteht ein innerer Zusammenhang zwischen dem quantitativen und dem qualitativen Fortschrittsbegriff: der technische

Fortschritt scheint die Vorbedingung für allen humanitären Fortschritt zu sein. Der Aufstieg der Menschheit aus der Sklaverei und Armut zu immer größerer Freiheit setzt technischen Fortschritt voraus, das heißt einen hohen Grad der Naturbeherrschung, die allein gesellschaftlichen Reichtum herbeiführt, wodurch wieder die menschlichen Bedürfnisse menschlicher gestaltet und menschlicher befriedigt werden können. Andererseits aber ist es durchaus nicht so, daß technischer Fortschritt humanitären Fortschritt automatisch mit sich bringt. Es bleibt unausgemacht, wie der gesellschaftliche Reichtum verteilt wird und in wessen Dienst die wachsenden Kenntnisse und Fähigkeiten der Menschen treten. Technischer Fortschritt, der als solcher zwar die Vorbedingung der Freiheit ist, bedeutet keineswegs auch schon die Realisierung größerer Freiheit. Wir brauchen uns nur die Idee eines totalitären Wohlfahrtsstaates auszumalen, die ja längst nicht mehr bloß abstrakt und spekulativ ist, um innezuwerden, daß hier die Bedürfnisse der Menschen zwar mehr oder weniger befriedigt sind, jedoch in der Weise, daß die Menschen in ihrer privaten sowohl wie in ihrer gesellschaftlichen Existenz verwaltet sind, verwaltet von der Wiege bis zum Grabe. Kann hier von Glück überhaupt noch die Rede sein, dann einzig von verwaltetem.

Es ist eine entscheidende Tendenz in der philosophischen Formulierung des Fortschrittsbegriffs bemerkbar, nämlich die, den Fortschritt selbst zu neutralisieren. Während noch im achtzehnten Jahrhundert bis zur Französischen Revolution auch der technische Fortschrittsbegriff qualitativ gefaßt ist und die technische Vervollkommnung als solche mit der der Humanität zusammen gesehen wird – am deutlichsten bei Condorcet –, so ändert sich dies im neunzehnten Jahrhundert. Vergleichen wir den Fortschrittsbegriff von Comte und Mill mit dem von Condorcet, dann sehen wir gleich, daß hier eine bewußte Neutralisierung vorliegt; Comte und Mill versuchen, den Fortschrittsbegriff wertfrei zu bestimmen: aus dem technischen Fortschritt als solchem sei die menschliche Vollkommenheit nicht abzuleiten. Das heißt aber, daß das qualitative Element des Fortschritts sich mehr und mehr in die Utopie verwiesen sieht. Es findet sich in den vorwissenschaftlichen und dann in den wissenschaftlich-sozialistischen Systemen, in denen das humanitäre Element über das technische Element triumphiert, und nicht im Fortschrittsbegriff selbst. Dieser ist neutral, wertfrei oder angeblich wertfrei.

Der angeblich wertfreie Begriff des Fortschritts, wie er seit dem neunzehnten Jahrhundert immer charakteristischer für die Entwicklung der westlichen Zivilisation und Kultur wird, enthält nämlich eine ganz bestimmte Wertung, und diese gibt das immanente Prinzip des Fortschritts an, unter dem sich die moderne Industriegesellschaft empirisch entfaltet hat. Seine entscheidenden Elemente wären so zu charakterisieren: höchster Wert ist die *Produktivität,* nicht nur im Sinne der gesteigerten Erzeugung von materiellen und geistigen Gütern, sondern auch im Sinne universaler Naturbeherrschung. Die Frage entsteht: Produktivität für was? Die Antwort, die immer gegeben wird, ist freilich einleuchtend: selbstverständlich zur Bedürfnisbefriedigung. Produktivität diene der besseren und erweiterten Bedürfnisbefriedigung, sei letzten Endes Produktivität als Produktion von Gebrauchswerten, die den Menschen zugute kommen sollen. Wenn aber der Begriff des Bedürfnisses sowohl Nahrung, Kleidung, Behausung, als auch Bomben, Unterhaltungsmaschinen und die Vernichtung von unverkäuflichen Lebensmitteln einschließt, dann können wir ohne Gefahr behaupten, daß der Begriff so unehrlich wie untauglich zur Bestimmung einer legitimen Produktivität ist, und haben das Recht, die Frage: Produktivität für was? offenzulassen. Es scheint, als werde die Produktivität immer mehr Selbstzweck, und die Frage nach der Verwendung der Produktivität bleibe nicht nur offen, sondern werde auch immer mehr verdrängt.

Gehört aber Produktivität unabtrennbar zum modernen Fortschrittsprinzip, so folgt daraus, daß das Leben als Arbeit erlebt und gelebt, daß die Arbeit selbst Lebensinhalt wird. Arbeit wird als gesellschaftlich nützliche, notwendige, aber nicht unbedingt individuell befriedigende, individuell notwendige Arbeit begriffen. Das gesellschaftliche Bedürfnis und das individuelle Bedürfnis treten auseinander, und dies wahrscheinlich um so mehr, je mehr die Industriegesellschaft unter diesem Fortschrittsprinzip sich entwickelt. Mit anderen Worten: die Arbeit, die zum eigentlichen Leben wird, ist *entfremdete Arbeit.* Sie wäre zu definieren als eine, die den Individuen ihre menschlichen Fähigkeiten und Bedürfnisse zu erfüllen verweigert und die eine Befriedigung, wenn überhaupt, immer nur beiläufig oder nach der Arbeit gewährt. Das heißt aber, daß nach der Wertordnung des für die Entwicklung der industriellen Gesellschaft entscheidenden Fortschrittsbegriffs Befriedigung, Erfüllung, Ruhe und Glück keine Ziele, sicherlich nicht die höchsten Werte und, wenn überhaupt, sehr untergeordnete Werte sind und bleiben.

Dieser Wertordnung, die in der individuellen Befriedigung, im individuellen Glück nur ein untergeordnetes Element sieht, entspricht eine Hierarchie der menschlichen Vermögen, die dem Fortschrittsbegriff eigentümlich ist: die Spaltung des Menschenwesens in höhere, geistige, und niedere, sinnliche, Vermögen, die sich so zueinander verhalten, daß die höheren, die Vernunft, im Gegenzug gegen die Ansprüche der Sinnlichkeit, der Triebe, bestimmt und definiert werden. Die Vernunft erscheint wesentlich als entsagendes und Entsagung erzwingendes Prinzip, und es ist ihre Aufgabe, die Sinnlichkeit, die niederen menschlichen Vermögen nicht nur zu führen, sondern sie zu unterdrücken. Folglich wird die Freiheit innerhalb dieser Idee des Fortschritts bestimmt als Freiheit vom Triebzwang, von der Sinnlichkeit, als Transzendenz über die Befriedigung hinaus und als *Autonomie* dieser Transzendenz. Befriedigung soll nie das sein, was den Inhalt und den Raum der Freiheit ausmacht. Die Freiheit transzendiert die schon erreichte Befriedigung zu etwas anderem, »Höherem«. Und diese Transzendenz, die der Freiheit wesentlich ist, erscheint genauso wie die Produktivität, zu der sie gehört, endlich als Selbstzweck. Man kann nicht mehr bestimmen: Transzendenz wofür und wozu? Die Transzendenz als solche genügt zur Wesensbestimmung der Freiheit, und die Fragen: warum diese Transzendenz; warum dies ununterbrochene Hinausgehen über einen schon erreichten Zustand; warum soll gerade diese Dynamik das Wesen des Menschen definieren? bleiben genauso offen wie die Frage, warum eigentlich die gesteigerte Produktivität der höchste Wert und das treibende Prinzip sein soll. Die so als

Selbstzweck bestimmte und von der Befriedigung streng unterschiedene Freiheit wird zur glücklosen. Sie erscheint als Last und wird gleichwohl von Philosophen und Dichtern verklärt als Freiheit der Armut, Freiheit der Arbeit, ja Freiheit in Ketten und als die Krone der menschlichen Existenz und das den Menschen eigentlich Auszeichnende gepriesen. Zu solchem Freiheitsbegriff gehört eine Negativität, ohne die Freiheit überhaupt nicht bestimmbar wäre. Und in dieser Negativität ist sich die idealistische Philosophie mit der modernen Existenzphilosophie, ist sich Kant mit Sartre einig. Sartres Bestimmung der Freiheit als ewige Transzendenz um der Transzendenz willen enthält genau die Negativität als Wesensbestimmung der Freiheit, die auch in der idealistischen Philosophie angelegt ist, wenn sie Freiheit als verinnerlichten moralischen Zwang, als Negation der Befriedigung und des Glücks, das heißt aber im Gegenzug gegen die *Neigung* definiert.

Für die moderne Auffassung des Fortschritts besonders charakteristisch ist die Bewertung der Zeit. Zeit wird verstanden als lineare oder als endlos aufsteigende Kurve, als ein Werden, das alles bloße Dasein entwertet. Gegenwart wird erlebt im Hinblick auf die mehr oder weniger unsichere Zukunft. Zukunft bedroht von Anfang an die Gegenwart, sie wird in Angst vorgestellt und erlebt. Vergangenheit bleibt als unbewältigte und unwiederholbare zurück, aber doch so, daß sie, gerade weil sie unbewältigt ist, die Gegenwart noch mitbestimmt. In dieser linear erlebten Zeit ist die erfüllte Zeit, die Dauer der Befriedigung, die Dauer des individuellen Glücks, die Zeit als Ruhe entweder nur übermenschlich oder nur untermenschlich vorstellbar – übermenschlich als die ewige Seligkeit, die einzig, nachdem das Dasein hier auf Erden verschwunden ist, möglich und vorstellbar wird; und untermenschlich insofern, als der Wunsch nach der Verewigung des glückhaften Augenblicks das Unmenschliche und Gegenmenschliche ist, das dem Teufel das Recht über den Menschen gibt.

Zusammenfassend wäre zu sagen, daß dem explizierten Fortschrittsbegriff zufolge der Fortschritt selbst beladen ist mit Friedlosigkeit, Transzendenz um ihrer selbst willen, Glücklosigkeit, Negativität. Die Frage wird unabweisbar, ob Negativität im

Prinzip des Fortschritts vielleicht die den Fortschritt treibende Kraft ist, die Kraft, die ihn erst möglich macht. Oder, um es in einer Weise zu formulieren, die die Verbindung zu Freud herstellt: Ist Fortschritt notwendig im Unglück begründet, und muß Fortschritt notwendig mit Unglück, Unbefriedigung verbunden bleiben? John Stuart Mill hat einmal gesagt: »Nichts ist gewisser, als daß alle Verbesserung in den Angelegenheiten der Menschen durchaus nur das Werk unzufriedener Charaktere ist.« Wenn das wahr ist, dann läßt sich auch umgekehrt sagen – und das wäre im strikten Sinne die Kehrseite dieser Fortschrittsidee –, daß Zufriedenheit, Befriedigung, Frieden zwar Glück bereiten mögen, daß sie aber in einem bestimmten Sinne für den Fortschritt nichts taugen; daß Krieg im Sinne des Kampfes ums Dasein der Vater aller fortschrittlichen Erfindungen ist, die dann beiläufig und oft erst spät zur Verbesserung und Befriedigung der menschlichen Bedürfnisse beitragen, und daß die Unerfülltheit und das Leiden der dauernde Antrieb aller bisherigen Kulturarbeit gewesen sind.

Hier liegt das Zentrum der Freudschen Fragestellung. Glück ist nach Freud ebensowenig wie Freiheit ein Werk der Kultur. Glück und Freiheit sind mit Kultur unvereinbar. Kulturentwicklung ist gegründet in Unterdrückung, Beschränkung, Verdrängung sinnlicher Triebwünsche und ohne repressive Triebverwandlung nicht denkbar. Aus dem – nach Freud – sehr einleuchtenden und unabänderlichen Grunde, daß der menschliche Organismus ursprünglich von dem »Lustprinzip« regiert wird und nichts weiter will als Vermeidung von Schmerz und Gewinnung von Lust, und daß sich die Kultur dieses Prinzip nicht leisten kann. Weil die Menschen zu schwach sind, die menschliche Umwelt zu karg und zu grausam ist, werden von Anfang an Triebverzicht und Triebunterdrückung zu Grundbedingungen für all die unlustvolle Arbeit, die Versagungen und Verzichte, die als repressiv verwandelte Triebenergie den kulturellen Fortschritt überhaupt möglich machen. Das Lustprinzip muß durch das »Realitätsprinzip« ersetzt werden, wenn die Menschengesellschaft von der Tierstufe zur Stufe des Menschenwesens fortschreiten soll. Ich habe das hier so kurz und überspitzt ausgedrückt, um beiläufig noch einmal dem weitgehenden Mißverständnis vorzubeugen, daß Freud in irgendeinem Sinne Irrationalist sei. Es gibt vielleicht keinen rationalistischeren Denker der letzten Jahrzehnte als Freud, dessen ganzes Bestreben darauf gerichtet ist zu zeigen, daß die irrationalen Kräfte, die in den Menschen noch wirksam sind, der Vernunft unterworfen werden müssen, wenn die menschlichen Verhältnisse überhaupt sich verbessern sollen, und dessen Satz: »Wo Es war, soll Ich werden«[1] vielleicht die rationalste aller Formulierungen ist, die man sich in der Psychologie vorstellen kann.

Warum ist nun die Überwindung des Lustprinzips durch das Realitätsprinzip für die Kulturentwicklung unabdingbar? Was ist eigentlich das Realitätsprinzip als Prinzip des Fortschritts? Nach der späten Freudschen Trieblehre, auf die ich mich hier allein stütze, ist der Organismus mit seinen beiden Grundtrieben, dem Eros und dem Todestrieb, so lange nicht soziabel, als diese Triebe uneingeschränkt bleiben. Als solche sind sie ungeeignet zum Aufbau einer Menschengesellschaft, in der eine relativ gesicherte Befriedigung der Bedürfnisse möglich sein soll: Eros – uneingeschränkt – strebt nach nichts weiter als nach intensivierter und verewigter Lustgewinnung, und der Todestrieb – uneingeschränkt – ist die einfache Regression in den Zustand vor der Geburt und damit tendenziell die Vernichtung alles Lebens. Soll es also zu Kultur und Zivilisation kommen, so ist das Lustprinzip durch ein anderes, die Gesellschaft ermöglichendes und erhaltendes Prinzip zu ersetzen: das Realitätsprinzip. Es ist nach Freud nichts anderes als das Prinzip produktiver Entsagung, entfaltet als das System aller der Triebmodifikationen, Verzichte, Ablenkungen, Sublimierungen, die die Gesellschaft den Individuen auferlegen muß, um sie aus Trägern des Lustprinzips in gesellschaftlich verwendbare Arbeitsinstrumente zu verwandeln. In diesem Sinne ist das Realitätsprinzip identisch mit dem Prinzip des Fortschritts, weil erst durch das repressive Realitätsprinzip Triebenergie frei wird für unlustvolle Arbeit, für Arbeit, die gelernt hat, zu verzichten,

[1] S. Freud, »Neue Folge der Vorlesungen zur Einführung in die Psychoanalyse«, *Werke* Bd. XV, S. 86.

Triebwünsche zu versagen und die nur dadurch gesellschaftlich produktiv wird und bleiben kann.

Welches ist das psychische Resultat der Herrschaft des Realitätsprinzips? Die repressive Verwandlung des *Eros,* die mit dem Inzestverbot beginnt, führt bereits in der frühen Kindheit zu der fundamentalen Überwindung des Ödipuskomplexes und damit zur Verinnerlichung der Vaterherrschaft. Zu diesem Zeitpunkt ist das eingetreten, was die entscheidende Modifizierung des Eros unter dem Realitätsprinzip ausmacht: seine Verwandlung in Sexualität. Eros ist ursprünglich mehr als Sexualität in dem Sinne, daß er kein Partialtrieb ist, sondern eine den ganzen Organismus beherrschende Kraft, die erst nachträglich in den Dienst der Reproduktion gestellt und als Sexualität lokalisiert wird. Dies erfordert eine Desexualisierung des Organismus, und erst sie vermag aus dem Organismus als dem Träger des Lustprinzips den Organismus als mögliches Arbeitsinstrument zu machen. Der Körper wird frei zur Verausgabung von Energie, die sonst nur erotische Energie gewesen wäre, wird sozusagen frei von dem integralen Eros, der ihn ursprünglich beherrscht hat, und damit frei zur unlustvollen Arbeit als Lebensinhalt. Die repressive Verwandlung der fundamentalen psychischen Struktur ist die individuelle psychologische Grundlage der Kulturarbeit und des kulturellen Fortschritts, insofern die Individuen selbst davon betroffen sind. Ihr Ergebnis ist nicht nur die Umwandlung des Organismus in das Instrument unlustvoller Arbeit, sondern vor allem die Entwertung des Glücks und der Lust als Selbstzweck, die Unterordnung des Glücks und der Befriedigung unter die gesellschaftliche Produktivität, ohne die es keinen kulturellen Fortschritt gibt. Mit dieser Entwertung des Glücks und der Triebbefriedigung und ihrer Unterordnung unter die gesellschaftlich geduldete Befriedigung aber geschieht zugleich die Verwandlung und der Fortschritt vom Menschentier zum Menschenwesen, der Fortschritt von der Notwendigkeit der bloßen Triebbefriedigung, die nicht eigentlich Genuß ist, zu dem für den Menschen charakteristischen und eigentümlichen *erlebten* Verhalten und *vermittelten* Genuß.

Was ist das Ergebnis der repressiven Verwandlung des Todestriebes? Auch hier ist der erste Schritt das Inzestverbot. Die endgültige Verwehrung der Mutter, die durch den Vater erzwungen wird, bedeutet die dauernde Bewältigung des Todestriebes, des Nirwana-Prinzips und seine Unterordnung unter die Lebenstriebe. Denn in dem Inzestwunsch nach der Mutter lebt auch das letzte Ziel des Todestriebes, die Regression zum schmerzlosen, bedürfnislosen und in diesem Sinne lustvollen Zustand vor der Geburt, der triebmäßig um so erstrebenswerter wird, je unlustvoller und schmerzhafter das Leben selbst erlebt wird. Die dem Todestrieb verbleibende Energie wird dann auf zweifache Weise gesellschaftlich nutzbar gemacht. Sie wird als gesellschaftlich nützliche Destruktionsenergie nach außen gelenkt, das heißt, das Ziel des Todestriebes ist nicht länger die Vernichtung des eigenen Lebens in der Regression, sondern die anderen Lebens, es ist die Vernichtung der Natur in Gestalt der Naturbeherrschung und die Vernichtung gesellschaftlich anerkannter Feinde im Innern und Äußern der Nation. Aber beinahe noch wichtiger als diese äußerliche Lizenzierung des Todestriebes ist eine innerliche: sie besteht in der Verwendung destruktiver Energie als gesellschaftliche Moral, als Gewissen, das sich im Über-Ich lokalisiert und die Anforderungen und Ansprüche des Realitätsprinzips dem Ich gegenüber durchsetzt. Das Ergebnis der gesellschaftlichen Verwandlung des Todestriebes also ist Destruktivität: in Gestalt nützlicher Aggression und als Naturbeherrschung ist sie eine der Hauptquellen der Zivilisations- und Kulturarbeit. Als moralische Aggression, im Gewissen zusammengefaßt als die Ansprüche der Moralität gegen das Es, ist Destruktivität ein ebenso unabdingbarer kultureller Faktor.

Entscheidend ist, daß durch repressive Triebverwandlung – und nur durch sie – kultureller Fortschritt nicht nur möglich, sondern auch *automatisch* wird. Ist sie erst einmal erfolgreich durchgeführt, dann wird kultureller Fortschritt von den triebmäßig umgeformten Individuen selbst wieder reproduziert. Aber ebenso, wie durch repressive Triebverwandlung der Fortschritt automatisch wird, hebt er auch sich selber auf und verneint sich: er verbietet den Genuß seiner eigenen Früchte, und gerade durch dieses Verbot steigert er wieder die Produktivität und damit den

Fortschritt. Diese eigentümliche antagonistische Dynamik des Fortschritts kommt, genauer, so zustande: Fortschritt ist nur möglich durch Verwandlung von Triebenergie in gesellschaftlich nützliche Arbeitsenergie, das heißt, Fortschritt ist nur möglich durch *Sublimierung*. Sublimierung wiederum ist nur möglich als erweiterte Sublimierung. Denn ist sie einmal wirksam, unterliegt sie einer eigenen Dynamik, die den Umkreis und die Intensität der Sublimierung selbst ausdehnt. Aus der von ursprünglich lustvollen, aber gesellschaftlich nutzlosen und sogar schädlichen Triebzielen abgelenkten Libido wird unter dem Realitätsprinzip gesellschaftliche Produktivität. Als solche verbessert sie die materiellen und geistigen Mittel zur Befriedigung der menschlichen Bedürfnisse. Aber gleichzeitig versagt sie denselben Menschen den vollen Genuß dieser Güter, weil sie *repressive* Triebenergie ist und die Menschen bereits so vorgeformt hat, daß sie das Leben selbst nicht anders zu bewerten vermögen als nach der Wertordnung, die den Genuß, die Ruhe, die Befriedigung als Ziele verwirft oder der Produktivität unterordnet. Mit dem Anwachsen des in der Entsagung aufgespeicherten Energiequantums geht ein Anwachsen der Produktivität einher, die nicht zur individuellen Befriedigung führt. Das Individuum versagt sich den Genuß der Produktivität und investiert damit das Potential neuer Produktivität, was den Prozeß auf eine immer höhere Stufe zugleich der Produktion und der Versagung des Produzierten hinauftreibt. In dieser psychischen Struktur reflektiert sich die spezifische Organisation des Fortschritts in der entwickelten Industriegesellschaft selber. Wir können hier von einem *circulus vitiosus* des Fortschritts sprechen. Die steigende Produktivität der gesellschaftlichen Arbeit bleibt mit steigender Repression verbunden, die selbst wiederum zur Steigerung der Produktivität beiträgt. Oder: Der Fortschritt muß sich immer wieder selbst negieren, um Fortschritt bleiben zu können. Die Neigung muß immer wieder der Vernunft, das Glück immer wieder der transzendierenden Freiheit geopfert werden, damit die Menschen durch das Versprechen des Glücks in der entfremdeten Arbeit gehalten werden, produktiv bleiben, sich den vollen Genuß ihrer Produktivität verwehren und damit die Produktivität selbst perpetuieren.

Die Selbstversagung im Prinzip des Fortschritts ist so von Freud freilich nicht formuliert worden; sie ist aber, wie ich meine, in der Freudschen Theorie angelegt und erscheint vielleicht am schlagendsten in der Dialektik der Vaterherrschaft, wie Freud sie ausgeführt hat. Sie ist von entscheidender Bedeutung für den Fortschrittsbegriff selbst. In der Freudschen Hypothese über die Entstehung der Menschengeschichte ist, einmal abgesehen von ihrem möglichen empirischen Inhalt, in unübertrefflicher Weise die *Dialektik der Herrschaft,* deren Ursprung, Verwandlung und Entfaltung im Fortschritt der Kultur in einem einzigartigen Bilde zusammengedrängt. Seine Hauptzüge sind bekannt: die Menschengeschichte beginne damit, daß in einer Urhorde der Stärkste, der Urvater, sich zum Alleinherrscher aufwirft und seine Herrschaft befestigt, indem er das Weib – die Mutter oder die Mütter – für sich monopolisiert und alle anderen Mitglieder der Horde von ihrem Genuß ausschließt. Und das heißt, daß weder die Natur noch die Armut, noch die Schwäche die erste und für die Kulturentwicklung entscheidende Triebunterdrückung erzwingen, sondern der Despotismus der Herrschaft – die Tatsache, daß ein Despot die Armut, die Kargheit, die Schwäche ungerecht verteilt und ausnützt, daß er den Genuß sich vorbehält und die Arbeit den anderen Mitgliedern der Horde zuschiebt. Dieser erste, noch vorgeschichtliche Schritt in der Triebunterdrückung erzwingt den zweiten: die Rebellion der Söhne gegen den Despotismus des Vaters. Nach der Freudschen Hypothese wird der Vater von den Söhnen erschlagen und gemeinsam in einem Totenmahl verzehrt. Der erste Versuch der Triebbefreiung und der, die Triebbefriedigung allgemein zu machen, die despotische, hierarchische und privilegierte Verteilung von Glück und Arbeit zu eliminieren, ist die Befreiung von der Herrschaft. Er endet, nach Freud, damit, daß die rebellischen Söhne oder Brüder sehen oder zu sehen glauben, daß es ohne Herrschaft nicht geht und der Vater eigentlich doch nicht entbehrlich war, ganz gleich, wie despotisch er regiert hat. Der Vater wird wieder eingesetzt von den Brüdern, jetzt *freiwillig* und sozusagen verallgemeinert: als Moralität, das heißt, die Brüder legen die gleichen Triebverzichte und Entsagungen sich selbst und in Freiheit auf, die ihnen vorher von dem Urvater aufgezwungen wurden. Mit dieser Verinnerlichung der Vaterherrschaft – dem Ursprung der Moralität und des Gewissens – beginnen Kultur und Zivilisation. Aus der menschentierischen Urhorde ist die erste und primitivste Menschengesellschaft geworden. Triebunterdrückung wird zum freiwilligen Werk der Individuen und verinnerlicht, und gleichzeitig wird die Vaterherrschaft etabliert als die vieler Väter, die – jeder für sich – die Moralität der Vaterherrschaft und damit die Triebeinschränkung auf den eigenen Clan, die eigene Gruppe übertragen und in der jungen Generation fortwirken lassen.

Diese Dynamik der Herrschaft, die mit der Aufrichtung des Despotismus anhebt, zur Revolution führt und nach dem Versuch der ersten Befreiung mit der Wiedereinsetzung des Vaters in verinnerlichter und verallgemeinerter, das heißt vernünftiger Form endet, wiederholt sich, nach Freud, während der gesamten Geschichte der Kultur und Zivilisation, wenn auch in abgeschwächter Form, nämlich als Rebellion aller Söhne gegen alle Väter in der Pubertät, als Zurücknahme dieser Rebellion nach Überwindung der Pubertät und endlich als Einordnung der Söhne in den gesellschaftlichen Zusammenhang in freiwilliger Unterwerfung unter die gesellschaftlich geforderten Triebverzichte, wodurch die Söhne selbst Väter werden. Diese psychologische Wiederholung der Dynamik der Herrschaft in der Kultur findet ihren weltgeschichtlichen Ausdruck in der immer wiederkehrenden Dynamik der Revolutionen der Vergangenheit. Diese Revolutionen zeigen eine beinahe schematische Entwicklung. Der Aufruhr gelingt, und bestimmte Kräfte versuchen, die Revolution auf ihren extremsten Punkt zu treiben, auf den, von dem aus vielleicht der Übergang in neue, nicht nur quantitativ, sondern qualitativ verschiedene Verhältnisse gelänge – und an diesem Punkt wird die Revolution gewöhnlich besiegt und die Herrschaft auf höherer Stufe verinnerlicht, wieder aufgerichtet und weitergeführt. Wenn die Freudsche Hypothese wirklich zu Recht besteht, dann können wir die Frage wagen, ob es neben dem geschichtlich-gesellschaftlichen Thermidor, der in allen Revolutionen der Vergangenheit nachzuweisen ist, nicht auch einen *psychischen* Thermidor gibt. Werden die Revolutionen vielleicht nicht nur von außen besiegt, umgekehrt und zurückgenommen, ist nicht vielleicht in den Individuen selbst schon eine Dynamik wirksam, die eine mögliche Befreiung und Befriedigung *innerlich* verneint und die Individuen nicht nur äußerlich sich der Verneingung beugen läßt?

Wenn Triebunterdrückung, selbst nach der Freudschen Hypothese, nicht nur eine Naturnotwendigkeit, wenn sie mindestens ebensosehr und vielleicht sogar primär im Interesse der Herrschaft und der Aufrechterhaltung einer despotischen Herrschaft erfolgt ist; und wenn das repressive Realitätsprinzip nicht nur das Resultat der gesellschaftlichen Vernunft ist, ohne die kein Fortschritt möglich gewesen wäre, sondern überdies das Resultat einer bestimmten historischen Organisation der Herrschaft – dann müssen wir in der Tat an der Freudschen Theorie eine entscheidende Korrektur vornehmen. Ist nämlich die repressive Triebverwandlung, wie sie psychologich bisher den Hauptinhalt des Fortschrittsbegriffs ausgemacht hat, weder naturnotwendig noch geschichtlich unabänderlich, dann hat sie selbst ihre ganz bestimmte Grenze. Diese zeichnet sich ab, nachdem Triebunterdrückung und Fortschritt ihre geschichtliche Funktion erfüllt, den Zustand menschlicher Ohnmacht und die Kargheit der Güter bewältigt haben und die freie Gesellschaft für alle zur realen Möglichkeit geworden ist. Das repressive Realitätsprinzip wird überflüssig im gleichen Maß, in dem die Kultur einer Stufe sich nähert, auf der die Beseitigung einer Lebensweise, die die Triebunterdrückung selbst erzwang, eine realisierbare geschichtliche Möglichkeit geworden ist. Die Errungenschaften des repressiven Fortschritts kündigen die Aufhebung des repressiven Fortschrittsprinzips selber an. Ein Zustand wird absehbar, in dem es keine Produktivität, die zugleich Resultat und Bedingung der Entsagung wäre, und keine entfremdete Arbeit gibt – ein Zustand, in dem die wachsende Mechanisierung der Arbeit es ermöglicht, daß ein immer größerer Teil derjenigen Triebenergie, die für die entfremdete Arbeit abgezogen werden mußte, wieder ihrer ursprünglichen Gestalt zurückgegeben, mit anderen Worten, in Energie der Lebenstriebe zurückverwandelt werden kann. Nicht mehr die auf entfremdete Arbeit verwendete Zeit wäre die

Lebenszeit und die freie Zeit, die dem Individuum zur Befriedigung eigener Bedürfnisse zu Gebote steht, bloße Restzeit, vielmehr wäre die entfremdete Arbeitszeit nicht nur auf ein Minimum reduziert, sondern sogar ganz verschwunden, und die Lebenszeit freie Zeit.

Entscheidend ist die Erkenntnis, daß eine solche Entwicklung nicht einfach einer Verlängerung und Steigerung augenblicklicher Zustände und Verhältnisse gleichkommt. Ein *qualitativ anderes Realitätsprinzip* träte vielmehr an die Stelle des repressiven, und mit ihm wandelt sich das gesamte menschlich-psychische wie das geschichtlich-gesellschaftliche Niveau selber. Was geschieht eigentlich wirklich, wenn jener Zustand, heute noch als Utopie verschrien, immer realer wird? Was geschieht, wenn eine mehr oder weniger totale Automatisierung die Einrichtung der Gesellschaft bestimmt und auf alle Bereiche des Lebens übergreift? In dem Ausmalen dieser Konsequenz halte ich mich an die Freudschen Grundbegriffe selbst. Die erste Folge wäre, daß die Kraft der durch mechanisierte Arbeit freigesetzten Triebenergie nicht mehr auf unlustvolle Tätigkeit verwendet werden müßte und zurückverwandelt werden könnte in erotische Energie. Eine Reaktivierung aller der erotischen Kräfte und Verhaltensweisen würde möglich, die unter dem repressiven Realitätsprinzip abgesperrt und desexualisiert waren. Hiervon wäre die Konsequenz – und das möchte ich mit aller Schärfe betonen, weil an dieser Stelle das größte Mißverständnis vorliegt –, daß die Sublimierung nicht etwa aufhörte, sondern als erotische Energie zu neuen kulturschaffenden Kräften sich steigerte. Die Konsequenz wäre nicht Pansexualismus, der vielmehr wesentlich zum Bilde der repressiven Gesellschaft gehört (Pansexualismus ist nur vorstellbar als Explosion repressiver Triebenergie, nie aber als Erfüllung nichtrepressiver Triebenergie). In dem Maße, in dem erotische Energie wirklich frei würde, hörte sie auf, bloße Sexualität zu sein, und würde zu einer den Organismus in allen seinen Verhaltensweisen, Dimensionen und Zielen bestimmenden Kraft. Mit anderen Worten: der Organismus würde sich zu dem bekennen, zu dem er sich unter dem repressiven Realitätsprinzip nicht bekennen durfte. Streben nach Befriedigung in einer glücklichen Welt hieße das Prinzip, unter dem die menschliche Existenz sich entwickelte.

Die Werthierarchie eines nichtrepressiven Fortschrittsprinzips läßt sich in beinahe allen Stücken im Gegenzug gegen die des repressiven bestimmen: Grunderfahrung wäre nicht länger die des Lebens als Kampf ums Dasein, sondern die seines Genusses. Die entfremdete Arbeit verwandelte sich in das freie Spiel menschlicher Fähigkeiten und Kräfte. Die Folge wäre eine Stillstellung allen inhaltlosen Transzendierens, die Freiheit wäre nicht länger ewig scheiterndes Projekt. Die Produktivität bestimmte sich an der Rezeptivität, die Existenz würde nicht als ständig sich steigerndes und unerfülltes Werden erlebt, sondern als Da-Sein mit dem, was ist und sein kann. Die Zeit erschiene nicht mehr als lineare, als ewige Linie oder ewig aufsteigende Kurve, sondern als Kreislauf, als Wiederkehr, wie sie zuletzt noch von Nietzsche als die »Ewigkeit der Lust« gedacht wurde.

Sie sehen, daß das nichtrepressive Fortschrittsprinzip mit der ihm eigentümlichen Wertordnung in einem entscheidenden Sinne konservativ ist. Und kein anderer als Freud selbst hat betont, daß die Triebe in ihrem innersten Wesen konservativ sind. Was sie eigentlich wollen, ist nicht der unendliche und ewig unbefriedigende Wechsel, das Streben nach einem endlos Höheren und noch nicht Erreichten, sondern ein Gleichgewicht, eine Stabilisierung und Reproduktion von Zuständen, darin alle Bedürfnisse befriedigt werden können und neue Bedürfnisse nur dann auftreten, wenn ihre lustvolle Befriedigung ebenso möglich ist. Wenn aber dieses der konservativen Natur der Triebe angemessene Streben nach Befriedigung sich unter einem nichtrepressiven Fortschrittsprinzip im Dasein selbst erfüllen kann, dann entfällt einer der Haupteinwände gegen seine Möglichkeit, daß nämlich die Menschen, ist ein befriedeter Zustand einmal erreicht, kein Motiv zur Arbeit mehr hätten und in jedem stumpfsinnigen statischen Genuß dessen, was sie ohne Arbeit haben können, verfaulten. Das genaue Gegenteil scheint der Fall. Freilich ist ein Antrieb zur Arbeit nicht mehr nötig. Wird die Arbeit selbst zum freien Spiel menschlicher Fähigkeiten, dann ist kein Leiden mehr notwendig, das die Menschen zur Arbeit zwänge. Sie werden von sich aus und nur, weil es die Erfüllung ihrer eigenen Bedürfnisse ist, arbeiten an der Ausgestaltung einer besseren Welt, in der das Dasein sich selbst erfüllt.

Die Hypothese einer Kultur unter einem nichtrepressiven Fortschrittsprinzip, in der die Arbeit zum Spiel wird, ist interessanterweise in der Tradition gerade von den Denkern vertreten worden, die sonst durchaus nicht als Vertreter und Propagandisten der Sinnlichkeit, des Pansexualismus, der unzulässigen Befreiung radikaler Tendenzen gelten können. Es seien nur zwei Beispiele angeführt: Schiller hat in den Briefen »Über die ästhetische Erziehung des Menschen« die hier mit Freudschen Begriffen angedeutete Idee einer ästhetischen, sinnlichen Kultur, in der Vernunft und Sinnlichkeit versöhnt sind, entwickelt. Entscheidend ist der Gedanke einer Verwandlung der Arbeit in das freie Spiel der menschlichen Fähigkeiten als das eigentliche Ziel und die des Menschen einzig würdige Weise der Existenz. Schiller betont, daß diese Idee allein verwirklicht werden kann in einem Zustand der Kultur, da die höchste Entwicklung der intellektuellen und geistigen Fähigkeiten Hand in Hand geht mit dem Vorhandensein der materiellen Mittel und Güter zur Befriedigung der menschlichen Bedürfnisse. Ein anderer Denker, der noch weniger als Schiller je in den Verdacht kommen kann, dem Pansexualismus oder der ungerechtfertigten Triebbefreiung das Wort zu reden, und der vielleicht einer der – jedenfalls in der Tradition – repressivsten Denker ist, hat diese Idee vielleicht am radikalsten ausgesprochen – Platon nämlich, in dem Buch, das von allen seinen Büchern bei weitem das repressivste ist und in dem die Idee eines totalitären Staates so detailliert ausgeführt ist wie nirgendwo anders. Genau in diesem Zusammenhang hat er folgendes gesagt (es handelt sich um die Bestimmung dessen, was denn das des Menschen würdige Dasein sei, und der Athener sagt): »Ich meine nur: man solle den Ernst an das Ernsthafte rücken, aber nicht an Dinge, die nicht ernsthaft sind. Naturgemäß verdient zunächst Gott unsern ganzen heiligen Ernst, und der Mensch, wie wir schon [...] sagten, ist Gottes kunstvoll eingerichtetes Spielwerk, und in der Tat: dies ist an ihm sein Bestes. Dieser Eigenschaft gemäß sollte nun jeder Mann und jede Frau lebenslang nichts tun, als immer nur die schönsten Spiele feiern – also gerade das Gegenteil von dem, was wir jetzt denken [. . .] Jetzt meint man: die ernsten Dinge müsse man treiben um der Spiele willen. Zum Beispiel das Kriegswesen hält man für eine ernste Sache und ist überzeugt, daß man es in gutem Stande haben müsse um des Friedens willen. Aber noch nie hat uns der Krieg ein tüchtiges Spiel oder eine tüchtige Bildung geben können, kann es auch jetzt nicht und wird es nie können, und doch müssen wir Spiel und Bildung die Gegenstände unseres ernstesten Bestrebens nennen. Demnach muß jeder in möglichster Dauer und Güte stets nur ein Friedensleben führen. Was ist nun das Richtige? Man soll seine Lebenszeit hinbringen, indem man gewisse Spiele spielt, Opfer darbringt, singt und tanzt, so daß man imstande ist, einerseits die Götter sich gnädig zu stimmen, andererseits sich gegen den Feind zu verteidigen und im Kampfe Sieger zu bleiben . . .« Der Diskussionspartner hat genau dieselbe Reaktion, die wir haben; er sagt nämlich: »Aber da setzt du doch das Menschengeschlecht [. . .] tief herunter.« Und die Antwort des Atheners ist: »Wundere dich nicht, Megillos, aber – verzeihe mir! Was ich da eben gesagt, kommt von der Wirkung her, die es auf mich hat, wenn ich dabei auf die Gottheit hinblicke.«[2] Sie sehen, Platon meint es vielleicht ernster als je, indem er gerade an dieser Stelle in bewußt provozierender Formulierung die Arbeit als Spiel und das Spiel als den Hauptinhalt des Lebens, als die des Menschen würdigste Art des Daseins feiert und bestimmt.

Ich will zum Schluß mich gegen den Vorwurf verteidigen, den Sie mir, so hoffe ich, schon lange gemacht haben: daß es zu weit gehe und verantwortungslos sei, in einem Zustand, in dem die Realität, in der wir leben, nicht nur nichts mit der hier ausgemalten Hypothese zu tun hat, sondern in allen ihren Aspekten deren genaues Gegenteil ist und zu bleiben verspricht, eine Utopie darzustellen, in der behauptet wird, daß die moderne Industriegesellschaft sehr bald einen Zustand erreichen könnte, in dem das Prinzip der Repression, das ihre Entwicklung bisher geleitet hat, sich als veraltet erweisen wird. Gewiß kann der Kontrast dieser

[2] Platon, *Die Gesetze*, 7. Buch, S. 803 ff.

Utopie mit der Wirklichkeit kaum größer vorgestellt werden, als er jetzt ist. Aber vielleicht ist gerade sein Ausmaß das Zeichen einer Grenze. Je weniger Verzicht und Entsagung biologisch und gesellschaftlich notwendig sind, desto mehr müssen die Menschen zu Instrumenten repressiver Politik gemacht werden, die sie davon abhält, gesellschaftliche Möglichkeiten zu realisieren, auf deren Gedanken sie sonst allein kämen. Vielleicht ist es heute weniger verantwortungslos, eine begründete Utopie auszumalen, als Zustände und Möglichkeiten als Utopie zu diffamieren, die längst schon realisierbare Möglichkeiten geworden sind.

Das Problem der Gewalt in der Opposition

Radikale Opposition kann heute nur im globalen Rahmen betrachtet werden, als isoliertes Phänomen ist sie von Anfang an verfälscht. Ich werde diese Opposition in einem solchen Rahmen mit Ihnen diskutieren, besonders am Beispiel der Vereinigten Staaten. Sie wissen, daß ich die Studentenopposition heute für einen entscheidenden Faktor der Veränderung halte, sicher nicht, wie man mir vorgeworfen hat, als eine unmittelbare revolutionäre Kraft, aber als einen der stärksten Faktoren, der vielleicht einmal zu einer revolutionären Kraft werden kann. Die Herstellung von Beziehungen zwischen den Studentenoppositionen in den verschiedenen Ländern ist deswegen eines der wichtigsten Erfordernisse der Strategie in diesen Jahren. Es bestehen kaum Beziehungen zwischen der Studentenopposition in den Vereinigten Staaten und der Studentenopposition hier, ja, es besteht nicht einmal eine wirksame zentrale Organisation der Studentenopposition in den Vereinigten Staaten. An der Herstellung solcher Beziehungen müssen wir arbeiten – und wenn ich das Thema dieses Vortrages meistens am Beispiel der USA erörtere, geschieht das, um die Herstellung solcher Beziehungen vorzubereiten. Die Studentenopposition in den Vereinigten Staaten ist selbst Teil einer größeren Opposition, die man im allgemeinen als die Neue Linke, »the new left«, bezeichnet.

Ich muß damit beginnen, Ihnen wenigstens schlagwortartig darzustellen, was die Neue Linke von der Alten Linken unterscheidet. Zunächst ist sie, mit Ausnahme einiger kleiner Gruppen, nicht orthodox marxistisch oder sozialistisch. Sie ist charakterisiert durch ein tiefes Mißtrauen gegen alle Ideologie, auch gegen die sozialistische Ideologie, von der man sich irgendwie verraten glaubt und von der man enttäuscht ist. Die Neue Linke ist außerdem in keiner Weise – wiederum mit Ausnahme kleiner Gruppen – auf die Arbeiterklasse als die revolutionäre Klasse fixiert. Sie selber kann zudem überhaupt nicht klassenmäßig definiert werden. Sie besteht aus Intellektuellen, aus Gruppen der Bürgerrechtsbewegung und aus der Jugend, besonders aus radikalen Elementen der Jugend, auch aus solchen, die auf den ersten Blick gar nicht politisch erscheinen, nämlich den »Hippies«, von denen ich noch später sprechen werde. Und, was sehr interessant ist: diese Bewegung hat als Sprecher eigentlich keine traditionellen Politiker, sondern viel eher solche verdächtigen Figuren wie Dichter, Schriftsteller, Intellektuelle. Wenn Sie sich diese kurze Skizze vergegenwärtigen, werden Sie zugeben, daß dieser Umstand geradezu ein Alpdruck für »Altmarxisten« ist. Sie haben hier eine Opposition, die offenbar nichts zu tun hat mit der »klassischen« revolutionären Kraft; ein Alpdruck – aber ein Alpdruck, der der Wirklichkeit entspricht. Ich glaube, daß diese so ganz unorthodoxe Konstellation der Opposition ein treuer Reflex der autoritär-demokratischen Leistungsgesellschaft ist, der »eindimensionalen Gesellschaft«, wie ich sie zu beschreiben versucht habe[1], und deren Hauptmerkmal die Integration der beherrschten Klasse auf einem sehr materiellen, sehr realen Boden ist, nämlich auf dem Boden gesteuerter und befriedigter Bedürfnisse, die ihrerseits den Monopolkapitalismus reproduzieren – ein gesteuertes und unterdrücktes Bewußtsein. Resultat dieser Konstellation ist: keine subjektive Notwendigkeit radikaler Umwälzung, deren objektive Notwendigkeit immer brennender wird. Und unter diesen Umständen konzentriert sich die Opposition wieder auf die Außenseiter innerhalb des Bestehenden, nämlich erstens auf die Gettos, die »Unterprivilegierten«, deren vitale Bedürfnisse selbst der hochentwickelte Spätkapitalismus nicht befriedigen kann und nicht befriedigen will. Zweitens konzentriert sich die Opposition am entgegengesetzten Pol der Gesellschaft auf die Privilegierten, deren Bewußtsein und deren Instinkte die gesellschaftliche Steuerung durchbrechen oder sich ihr entziehen können. Ich meine diejenigen Schichten der Gesellschaft, die auf Grund ihrer Position und Erziehung noch Zugang zu den Tatsachen – ein Zugang, der wahrhaftig schwer genug ist –, Zugang

[1] Herbert Marcuse, *Der eindimensionale Mensch,* Neuwied 1966.

zum Gesamtzusammenhang der Tatsachen haben. Es sind Schichten, die noch ein Wissen und Bewußtsein haben von dem ständig sich verschärfenden Widerspruch und von dem Preis, den die sogenannte Gesellschaft im Überfluß ihren Opfern abverlangt. Opposition besteht also an diesen beiden extremen Polen der Gesellschaft, und ich möchte sie ganz kurz beschreiben.

1. Die Unterprivilegierten, die Gettos. In den Vereinigten Staaten sind es besonders die nationalen und Rassenminoritäten, die freilich politisch noch weitgehend unorganisiert und oft untereinander antagonistisch sind (z. B. gibt es schwere Konflikte in den Großstädten zwischen den Negern und den Puertoricanern). Es sind zum großen Teil Gruppen, die keine entscheidende Stelle im Produktionsprozeß einnehmen und in Begriffen der Marxschen Theorie schon aus diesem Grunde nicht – wenigstens nicht ohne weitere Assoziation – als potentielle revolutionäre Kräfte angesprochen werden können. Aber im globalen Rahmen sind die Unterprivilegierten, die die ganze Schwere des Systems zu tragen haben, wirklich die Massenbasis des nationalen Befreiungskampfes gegen den Neokolonialismus in der Dritten Welt und gegen den Kolonialismus in den USA. Es besteht auch hier noch keine effektive Verbindung zwischen den nationalen und Rassenminoritäten in den Metropolen der kapitalistischen Gesellschaft und den schon im Kampf gegen diese Gesellschaft stehenden Massen in der neokolonialen Welt. Diese Massen können vielleicht schon als das neue Proletariat aufgefaßt werden, und als solches sind sie heute eine wirkliche Gefahr für das Weltsystem des Kapitalismus. Inwieweit zu diesen Gruppen der Unterprivilegierten heute in Europa noch oder wieder die Arbeiterklasse zu rechnen ist, ist ein Problem, das wir gesondert diskutieren müssen; im Rahmen dessen, was ich heute zu sagen habe, kann ich es nicht. Ich möchte nur darauf aufmerksam machen, daß hier noch ein entscheidender Unterschied besteht: Was wir von der Arbeiterklasse in Amerika sagen können, daß sie in ihrer großen Majorität in das System integriert ist und nicht das Bedürfnis nach einer *radikalen* Umwandlung hat, können wir wahrscheinlich von der europäischen Arbeiterklasse nicht oder noch nicht sagen.

2. Die Privilegierten. Die zweite Gruppe, die heute gegen das spätkapitalistische System in Opposition steht, möchte ich wieder in zwei Unterabteilungen behandeln. Betrachten wir zunächst die sogenannte neue Arbeiterklasse[2], die bestehen soll aus den Technikern, Ingenieuren, Spezialisten, Wissenschaftlern usw., die im materiellen Produktionsprozeß – wenn auch in besonderer Position – beschäftigt sind. Auf Grund ihrer Schlüsselstellung scheint diese Gruppe objektiv wirklich den Kern einer umwälzenden Kraft darzustellen, aber gleichzeitig ist sie heute das Liebkind des bestehenden Systems und bewußtseinsmäßig diesem System verfallen. Zumindest ist also der Ausdruck »neue Arbeiterklasse« verfrüht. Zweitens die Studentenopposition, von der ich heute fast ausschließlich sprechen werde – und zwar in ihrem weitesten Sinne, einschließlich der sogenannten drop-outs. Soweit ich es beurteilen kann, besteht hier ein wichtiger Unterschied zwischen der amerikanischen Studentenopposition und der deutschen. Viele der in aktiver Opposition stehenden Studenten in Amerika hören auf, Student zu sein, und organisieren, man kann sagen als Vollbeschäftigung, die Opposition. Darin liegt eine Gefahr – aber vielleicht auch ein Vorzug. – Ich werde die Studentenopposition unter drei Kategorien diskutieren: Erstens ist zu fragen, wogegen ist diese Opposition gerichtet; zweitens, welches sind ihre Formen; und drittens, welches sind die Aussichten der Opposition?

Zum ersten, wogegen ist diese Opposition gerichtet? Die Frage ist äußerst ernst zu nehmen; denn es handelt sich um eine Opposition gegen eine demokratische, effektiv funktionierende Gesellschaft, die, wenigstens normalerweise, nicht mit Terror arbeitet. Und es ist – darüber sind wir uns in den Vereinigten Staaten völlig klar – eine Opposition gegen die Majorität der Bevölkerung, einschließlich der Arbeiterklasse. Es ist eine Opposition gegen den Druck, gegen den allgegenwärtigen Druck des Systems, das durch seine repressive und destruktive Produktivität immer unmenschlicher alles zur Ware degradiert, deren Kauf und Verkauf den Lebensunterhalt und Lebensinhalt ausmacht; gegen

[2] Vgl. hierzu Serge Mallet, *La nouvelle classe ouvrière*, Paris 1963.

die hypokritische Moralität und die »Werte« des Systems, und eine Opposition gegen den Terror außerhalb der Metropole. Diese Opposition gegen das System als solches ist ausgelöst worden erst durch die Bürgerrechtsbewegung und dann durch den Krieg in Vietnam. Im Zuge der Bürgerrechtsbewegung sind die Studenten aus dem Norden in den Süden gegangen, um zu helfen, die Neger für die Wahlen zu registrieren, und haben dann zum erstenmal gesehen, wie dieses freie demokratische System dort unten eigentlich aussieht, was die Sheriffs da eigentlich tun, wie Morde und Lynchungen an den Negern unbestraft bleiben, obgleich die Täter nur zu bekannt sind. Das hat als traumatische Erfahrung gewirkt und die politische Aktivierung der Studenten, der Intelligenz im allgemeinen, in den Vereinigten Staaten veranlaßt. Zweitens ist diese Opposition gestärkt worden durch den Krieg in Vietnam. Für diese Studenten hat der Krieg in Vietnam zum erstenmal das Wesen der bestehenden Gesellschaft enthüllt: die ihr einwohnende Notwendigkeit der Expansion und Aggression und die Brutalität des Kampfes gegen alle Befreiungsbewegungen.

Ich habe hier leider keine Zeit, die Frage zu diskutieren, ob der Krieg in Vietnam ein imperialistischer Krieg ist – hier nur eine kurze Bemerkung, weil das Problem immer wieder aufkommt: Wenn man unter Imperialismus im alten Sinne versteht, daß die Vereinigten Staaten in Vietnam für Investitionen kämpfen, ist es kein imperialistischer Krieg; obgleich selbst dieser enge Begriff des Imperialismus heute vielleicht schon wieder akut ist. Sie können in der Nummer von *Newsweek* vom 7. Juli 1967 zum Beispiel lesen, daß es sich in Vietnam heute bereits um ein 20-Milliarden-Dollar-Business handelt; es wächst mit jedem Tag. Inwieweit trotzdem ein neudefinierter Begriff des Imperialismus hier anwendbar ist, darüber brauchen wir nicht zu spekulieren, das haben maßgebende Sprecher der amerikanischen Regierung selber gesagt. Es handelt sich in Vietnam darum, einen der strategisch und ökonomisch wichtigsten Bereiche der Welt nicht unter kommunistische Kontrolle fallen zu lassen. Es handelt sich um einen entscheidenden Kampf gegen alle Versuche nationaler Befreiung in allen Ecken der Welt, entscheidend in dem Sinne, daß ein Erfolg des vietnamesischen Befreiungskampfes das Signal abgeben könnte für die Aktivierung solcher Befreiungskämpfe in anderen Teilen der Welt und viel näher der Metropole, wo wirklich gewaltige Investitionen vorliegen. Wenn in diesem Sinne Vietnam in keiner Weise nur irgendein Ereignis der Außenpolitik ist, sondern mit dem Wesen des Systems verbunden, so ist es vielleicht auch ein Wendepunkt in der Entwicklung des Systems, vielleicht der Anfang vom Ende. Denn was sich hier gezeigt hat, ist, daß der menschliche Wille und der menschliche Körper mit den ärmsten Waffen das leistungsfähigste Zerstörungssystem aller Zeiten in Schach halten können. Das ist ein welthistorisches Novum.

Ich komme jetzt zur zweiten Frage, die ich diskutieren wollte, nämlich die Formen der Opposition. Wir sprechen von der Studentenopposition, und ich möchte von vornherein sagen, es handelt sich nicht um eine Politisierung der Universität, denn die Universität ist bereits politisch. Sie brauchen nur daran zu denken, in welchem Grade zum Beispiel die Naturwissenschaften und sogar solch abstrakte Wissenschaften wie die Mathematik heute unmittelbar in der Produktion und in der militärischen Strategie Verwendung finden. Sie brauchen nur daran zu denken, in welchem Grade die Naturwissenschaften und auch die Soziologie und Psychologie von der finanziellen Unterstützung der Regierung und der großen »Foundations« abhängen, in welchem Grade die Soziologie und Psychologie sich unmittelbar in den Dienst der Menschenkontrolle und der Marktregulierung gestellt haben. In diesem Sinne können wir sagen, daß die Universität bereits eine politische Institution ist, und daß es sich im besten Falle um eine Gegenpolitisierung und nicht um eine Politisierung der Universität handeln kann. Es geht darum, neben der positivistischen Neutralität, die keine ist, deren Kritik zu Wort kommen zu lassen, im Rahmen des Lehrplans und im Rahmen der wissenschaftlichen Diskussion. Daher ist eine der Hauptforderungen der Studentenopposition in den Vereinigten Staaten eine Reform des Lehrplans, so daß diese kritischen Elemente im Rahmen wissenschaftlicher Diskussion – nicht als Agitation und Propaganda – zur vollen Geltung kommen können. Wo das nicht möglich ist, geschieht die

Gründung sogenannter »freier Universitäten«, hier »kritischer Universitäten«, außerhalb der Universität, wie zum Beispiel in Berkeley und in Stanford, jetzt auch an einigen der größeren Universitäten des Ostens. Im Rahmen dieser »freien Universitäten« werden Kurse und Seminare über Lehrgegenstände gehalten, die im regulären Lehrplan nicht oder inadäquat zu Wort kommen, zum Beispiel Marxismus, Psychoanalyse, Imperialismus, die Außenpolitik im kalten Krieg, die Gettos.

Eine andere Form der Studentenopposition sind die bekannten teach-ins, sit-ins, be-ins, love-ins. Ich möchte hier nur auf die Reichweite und die Spannungen innerhalb der Opposition hinweisen: kritische Lern- und Lehrtätigkeit, Bemühung um Theorie und, am anderen Pol, etwas, was wir nur als »existentielles Zusammensein«, als »Seinlassen seiner eigenen Existenz«, »doing one's thing« bezeichnen können. Ich möchte zu der Bedeutung dieser Spannung später etwas sagen, weil meiner Meinung nach sich hierin ausspricht der Zusammenfluß zwischen politischer Rebellion und sexuell-moralischer Rebellion, der ein wichtiger Faktor in der Opposition in Amerika ist. Sie findet ihren sichtbarsten Ausdruck in der Demonstration, unbewaffneten Demonstration – und für solche Demonstrationen müssen Konfrontationen nicht erst gesucht werden. Konfrontationen zu suchen, nur um der Konfrontation willen, ist nicht nur unnötig, es ist verantwortungslos. Die Konfrontationen sind da. Sie brauchen nicht erst gesucht zu werden. Das Suchen nach Konfrontation würde die Opposition verfälschen – sie ist heute Verteidigung, nicht Angriff. Die Anlässe sind da: zum Beispiel jede Eskalation des Krieges in Vietnam; Besuche von Repräsentanten der Kriegspolitik; »picketing«, eine, wie Sie wissen, besondere Form der amerikanischen Demonstration, vor Fabriken, in denen Napalm und andere Giftwaffen hergestellt werden. Diese Demonstrationen sind organisiert, sie sind legal. Sind solche Demonstrationen – und was ich jetzt sage, bezieht sich wiederum auf Amerika, aber Sie werden sehen, daß Sie sehr leicht den Schluß daraus ziehen können, was für Sie und auf Sie anwendbar ist –, sind diese legalen Demonstrationen Konfrontationen mit der institutionalisierten Gewalt, die auf die Opposition losgelassen wird? Sie sind es nicht, wenn sie im Rahmen der Legalität bleiben. Aber wenn diese Demonstrationen im Rahmen der Legalität bleiben, so unterwerfen sie sich der institutionalisierten Gewalt, die autonom den Rahmen der Legalität bestimmt und ihn auf ein erstickendes Minimum einschränken kann, zum Beispiel indem sie Gesetze benutzt, wie unerlaubtes Betreten von Privateigentum oder unerlaubtes Betreten von Staatseigentum, Störung des Verkehrs, Störung der nächtlichen Ruhe usw. Hier kann von einem Augenblick zum andern was legal war, illegal werden, wenn eine völlig friedliche Demonstration die Nachtruhe stört oder willentlich oder unwillentlich Privateigentum betritt usw. In dieser Situation scheinen Konfrontationen mit der Gewalt, mit der institutionalisierten Gewalt, unvermeidlich – es sei denn, daß die Opposition zum harmlosen Ritual wird, zur Beruhigung des Gewissens und zum Kronzeugen für die Rechte und Freiheiten im Rahmen des Bestehenden. Das war die Erfahrung der Bürgerrechtsbewegung, daß die Gewalt von den anderen ausgeübt wird, daß die anderen die Gewalt sind, und daß gegen diese Gewalt die Legalität von Anfang an problematisch ist; das wird auch die Erfahrung der Studentenopposition sein, sobald sich das System von ihr bedroht fühlt. Und dann ist die Opposition vor die fatale Entscheidung gestellt: Opposition als rituelle Veranstaltung oder Opposition als Widerstand, das heißt »civil disobedience«.

Ich möchte wenigstens ein paar Worte über das Widerstandsrecht sagen, weil ich erstaunt bin, immer wieder zu erfahren, wie wenig eigentlich ins Bewußtsein gedrungen ist, daß die Anerkennung des Widerstandsrechts, nämlich der »civil disobedience«, zu den ältesten und geheiligtsten Elementen der westlichen Zivilisation gehört. Die Idee, daß es ein Recht gibt, das höher ist als das positive Recht, ist so alt wie diese Zivilisation selbst. Hier ist der Konflikt der Rechte, vor den jede mehr als private Opposition gestellt ist; denn das Bestehende hat das legale Monopol der Gewalt und das positive Recht, ja die Pflicht, diese Gewalt zu seiner Verteidigung auszuüben. Demgegenüber stehen Anerkennung und Ausübung eines höheren Rechts und die Pflicht des Widerstandes als Triebkraft der geschichtlichen Entwicklung der Freiheit, »civil disobedience«, als potentiell befreiende Gewalt.

Ohne dieses Widerstandsrecht, ohne dieses Ausspielen eines höheren Rechts gegen das bestehende Recht ständen wir heute noch auf der Stufe der primitivsten Barbarei. So deckt, glaube ich, der Begriff der Gewalt zwei sehr differente Formen: Die institutionalisierte Gewalt des Bestehenden und die Gewalt des Widerstandes, die notwendig dem positiven Recht gegenüber illegal bleibt. Von einer Legalität des Widerstandes zu sprechen ist sinnlos: kein Gesellschaftssystem, selbst das freieste nicht, kann verfassungsmäßig eine gegen dieses System gerichtete Gewalt legalisieren. Jede dieser beiden Formen deckt entgegengesetzte Funktionen. Es gibt eine Gewalt der Unterdrückung und eine Gewalt der Befreiung; es gibt eine Gewalt der Verteidigung des Lebens, und es gibt eine Gewalt der Aggression. Und beide Formen der Gewalt sind geschichtliche Kräfte gewesen und werden geschichtliche Kräfte bleiben. So steht die Opposition von Anfang an im Felde der Gewalt. Recht steht gegen Recht, nicht nur als abstrakte Versicherung, sondern als Aktion. Und noch einmal: Das Bestehende hat das Recht, die Grenzen der Legalität zu bestimmen. Dieser Konflikt der beiden Rechte, des Widerstandsrechts und der institutionalisierten Gewalt bringt die ständige Gefahr des Zusammenstoßes mit der Gewalt mit sich, es sei denn, daß das Recht der Befreiung dem Recht der bestehenden Ordnung geopfert wird, und daß, wie bisher in der Geschichte, die Zahl der von der Ordnung geforderten Opfer die der Revolution weiterhin übersteigt. Das aber bedeutet, daß die Predigt der prinzipiellen Gewaltlosigkeit die bestehende institutionalisierte Gewalt reproduziert. Und diese Gewalt ist in der monopolistischen Industriegesellschaft in noch nie dagewesenem Maße in der Herrschaft konzentriert, die das Ganze der Gesellschaft durchdringt. Diesem Ganzen gegenüber ist das Recht der Befreiung unmittelbar ein partikulares Recht. Daher erscheint der Gewaltkonflikt als Zusammenstoß der allgemeinen mit der partikularen Gewalt, und in diesem Zusammenstoß wird die partikulare Gewalt geschlagen werden, bis sie selbst eine neue Allgemeinheit der bestehenden gegenüberstellen kann.

Solange die Opposition nicht die gesellschaftliche Kraft einer neuen Allgemeinheit entwickelt hat, ist das Problem der Gewalt primär ein Problem der Taktik. Kann in bestimmten Fällen der Konfrontation mit der bestehenden Gewalt, bei der die herausfordernde Gewalt des Widerstandes unterliegen wird, durch die Konfrontation das Kräfteverhältnis zugunsten der Opposition geändert werden? In der Diskussion dieser Frage ist ein oft angeführtes Argument jedenfalls nicht stichhaltig: nämlich, daß man durch solche Konfrontationen die andere Seite, den Gegner, stärkt. Das geschieht sowieso, selbst wenn von solchen Konfrontationen abgesehen wird. Das geschieht sowieso bei jeder Aktivierung der Opposition, und es handelt sich darum, diese Stärkung des Gegners zu einem Durchgangsstadium zu machen. Dann aber hängt die Bewertung der Situation ab von dem Anlaß der Konfrontation und besonders von dem Erfolg einer systematisch durchgeführten Aufklärungsarbeit und von der Organisation der Solidarität. Lassen Sie mich wieder ein Beispiel aus den Vereinigten Staaten geben. Die Opposition erlebt den Krieg gegen Vietnam als einen die Allgemeinheit treffenden Angriff auf die Freiheit, ja auf das Leben selbst, dem das Recht der totalen Verteidigung gegenübersteht. Aber die Majorität der Bevölkerung unterstützt noch die Regierung und den Krieg, während die Opposition diffus und nur lokal organisiert ist. Die in dieser Situation zunächst noch legale Form der Opposition entwickelt sich spontan zur »civil disobedience«, zur Verweigerung des Wehrdienstes und zur Organisation dieser Verweigerung. Dies ist bereits illegal und trägt zur Verschärfung der Situation bei. – Andererseits werden die Demonstrationen immer systematischer von einer Aufklärungsarbeit unter der Bevölkerung begleitet. Das ist »community work«: Die Studenten gehen in die armen und ärmsten Distrikte, um das Bewußtsein der Bewohner zu aktivieren, zunächst zur Beseitigung der offensichtlichsten Mängel, zum Beispiel das Fehlen der primitivsten Hygiene usw. Man versucht, die Menschen für dieses unmittelbare Interesse zu organisieren, aber gleichzeitig das politische Bewußtsein dieser Distrikte zu erwecken. Aber solche Aufklärungsarbeit geschieht nicht nur in den Slums. Es gibt ein von Tür-zu-Tür-Gehen, wie die berühmte »door-bell-ringing-campaign«, in der mit den Hausfrauen, und, wenn der Ehemann gerade da ist, auch mit ihm, diskutiert wird, was eigentlich vor sich geht. Besonders vor den Wahlen ist das wichtig. Ich betone die Diskussion mit den Frauen, weil es sich in der Tat gezeigt hat, wie man allerdings auch erwarten sollte, daß die Frauen menschlichen Argumenten im allgemeinen noch zugänglicher sind als die Männer; was daran liegt, daß die Frauen noch nicht ganz in den repressiven Produktionsprozeß eingespannt sind. Diese Aufklärungsarbeit ist eine sehr mühsame, eine sehr langsame. Ob sie Erfolg haben wird? Der Erfolg ist meßbar – zum Beispiel an der Stimmenzahl, die die sogenannten »Friedenskandidaten« in den lokalen, dann in den Staats- und später auch in den Nationalwahlen haben werden.

In der Opposition läßt sich heute eine Wendung zur Theorie konstatieren, die besonders wichtig ist, da die Neue Linke, wie ich betont habe, mit einem totalen Ideologieverdacht angefangen hat. Ich glaube, daß man mehr und mehr sieht, daß jede Anstrengung, zu einer Änderung des Systems beizutragen, der theoretischen Bindung bedarf. Und wir haben jetzt in den Vereinigten Staaten und in der Studentenopposition nicht nur Versuche, den Abgrund zwischen der Alten Linken und der Neuen Linken zu überbrükken, sondern auch eine kritische Theorie auszuarbeiten; zum Beispiel arbeitet der amerikanische SDS (Students for a Democratic Society) an einer Theorie der gesellschaftlichen Umwandlung, die auf breiterem Boden zur Diskussion gestellt wird.

Als letzten Aspekt der Opposition möchte ich nun eine neue Dimension des Protestes erwähnen, die in der Einheit von moralisch-sexueller und politischer Rebellion besteht. Ich möchte Ihnen eine Illustration geben, die ich als Augenzeuge erlebt habe, und die in keiner Weise vereinzelt ist, die Ihnen auch den Unterschied zeigen wird zwischen dem, was in den Vereinigten Staaten geschieht und hier. Es war auf einer der großen Anti-Vietnam-Demonstrationen in Berkeley; die Polizei hatte zwar die Demonstration genehmigt, aber das Ziel der Demonstration, nämlich den Militärbahnhof in Oakland, gesperrt; das heißt, die Demonstration wäre über einen besonderen und sehr bestimmten Punkt hinaus illegal geworden, hätte gegen das Demonstrationsverbot verstoßen. Als Tausende von Studenten sich dem Punkte näherten, an dem die verbotene Route anfing, trafen sie auf eine aus ungefähr zehn Reihen bestehende Barrikade schwerbewaffneter, mit schwarzen Uniformen und Stahlhelmen ausgestatteten Polizei. Der Zug näherte sich dieser Polizeibarrikade, und wie immer waren an der Spitze des Demonstrationszuges einige, die schrien, man solle nicht haltmachen, sondern versuchen, den Polizeikordon zu durchbrechen – was natürlich blutige Köpfe gegeben hätte, ohne zu irgendeinem Ziel zu führen. Der Demonstrationszug selbst hatte einen Gegenkordon eingerichtet, so daß die Demonstranten zuerst ihren eigenen Kordon hätten durchbrechen müssen, um den Polizeikordon durchbrechen zu können. Das ist natürlich nicht geschehen. Nach zwei, drei ängstlichen Minuten setzten sich die Tausende auf die Straße, die Gitarren, die Mundharmonikas kamen heraus, das »petting«, die Liebkosungen begannen, und so ging diese Demonstration zu Ende. Sie können das lächerlich finden; immerhin glaube ich, daß hier noch ganz spontan und anarchisch eine Einheit sich hergestellt hat, die vielleicht letzten Endes ihren Eindruck selbst auf die Feindlichen nicht verfehlen wird. Ganz kurz noch von den Aussichten der Opposition. Zunächst darf ich noch einmal die Mißverständnisse beseitigen, nach denen ich geglaubt hätte, daß die intellektuelle Opposition an sich eine revolutionäre Kraft wäre, oder daß ich in den Hippies die Erben des Proletariats gesehen hätte. Nur die nationalen Befreiungsfronten der Entwicklungsländer stehen heute im revolutionären Kampf; aber auch sie stellen allein noch keine effektive revolutionäre Bedrohung des Systems des Spätkapitalismus dar. Alle Oppositionskräfte wirken heute zur Vorbereitung und nur zur Vorbereitung, aber auch zur notwendigen Vorbereitung für eine mögliche Krise des Systems. Und zu dieser Krise tragen gerade die nationalen Befreiungsfronten und die Getto-Rebellion bei, nicht nur als militärische, sondern auch als politische und moralische Gegner – lebendige, menschliche Negation des Systems. Für die Vorbereitung, für die Eventualität einer solchen Krise kann und wird vielleicht auch die Arbeiterklasse politisch radikalisiert werden. Aber wir dürfen uns nicht verhehlen, daß in dieser Situation die Frage noch völlig offen ist: politisch radikalisieren nach links oder nach rechts? Die akute Gefahr des Faschismus oder des Neofaschismus – und der

Faschismus ist seinem Wesen nach eine Bewegung der Rechten – ist noch keineswegs überwunden.

Ich habe von der möglichen Krise, von der Eventualität einer Krise des Systems gesprochen. Die Kräfte, die zu einer solchen Krise beitragen, müßten ausführlich diskutiert werden. Diese Krise, glaube ich, müssen wir sehen als die Konfluenz sehr disparater subjektiver und objektiver Tendenzen ökonomischer Natur, politischer Natur und moralischer Natur, im Osten sowohl wie im Westen. Diese Kräfte sind noch nicht solidarisch organisiert; sie sind ohne Massenbasis in den entwickelten Ländern des Spätkapitalismus; auch die Gettos in den Vereinigten Staaten sind erst im Anfangsstadium versuchter Politisierung. Und unter diesen Umständen scheint es mir die Aufgabe der Opposition zu sein, zunächst einmal an der Befreiung des Bewußtseins außerhalb unseres eigenen Kreises zu arbeiten. Denn in der Tat steht das Leben aller auf dem Spiel, und heute sind in der Tat alle, was Veblen »underlying population« nannte, nämlich Beherrschte: Erweckung des Bewußtseins der grauenhaften Politik eines Systems, dessen Macht und dessen Druck mit der Drohung totaler Vernichtung wachsen, das die ihm zur Verfügung stehenden Produktivkräfte zur Reproduktion der Ausbeutung und der Unterdrückung verwendet und das zum Schutze seines Überflusses die sogenannte freie Welt mit Militär- und Polizeidiktaturen ausstattet. Der Totalitarismus auf der anderen Seite kann diese Politik in keiner Weise rechtfertigen. Man kann sehr viel – und man muß sehr viel gegen ihn sagen. Er ist aber nicht expansiv, er ist nicht aggressiv, und er ist immer noch von der Kargheit und von der Armut diktiert; was nichts an der Tatsache ändert, daß auch er zu bekämpfen ist, aber von links zu bekämpfen ist.

Die Befreiung des Bewußtseins, von der ich gesprochen habe, meint nun mehr als Diskussion. Sie meint in der Tat – und muß in der erreichten Situation meinen – Demonstration, im wörtlichen Sinne: zeigen, daß hier der ganze Mensch mitgeht und seinen Willen zum Leben anmeldet, das heißt, seinen Willen zum Leben in einer befriedeten, menschlichen Welt. Die bestehende Ordnung ist gegen diese reelle Möglichkeit mobilisiert. Und wenn es für uns schädlich ist, Illusionen zu haben, so ist es ebenso schädlich

– und vielleicht schädlicher –, Defätismus und Quietismus zu predigen, die nur dem System in die Hände spielen können. Tatsache ist, daß wir uns einem System gegenüber befinden, das, seit dem Beginn der faschistischen Periode und heute noch, durch seine Taten die Idee des geschichtlichen Fortschritts selbst desavouiert hat, ein System, dessen innere Widersprüche sich immer von neuem in unmenschlichen und unnötigen Kriegen manifestieren und dessen wachsende Produktivität wachsende Zerstörung und wachsende Verschwendung ist. Ein solches System ist nicht immun. Es wehrt sich bereits gegen die Opposition, selbst gegen die Opposition der Intelligenz, an allen Ecken der Welt. Und selbst wenn wir noch keine Änderung sehen, müssen wir weitermachen; müssen wir widerstehen, wenn wir noch als Menschen leben, arbeiten und glücklich sein wollen. Im Bündnis mit dem System können wir das nicht mehr.

Das Ende der Utopie

Ich muß zunächst mit einer Binsenwahrheit anfangen, ich meine damit, daß heute jede Form der Lebenswelt, jede Verwandlung der technischen und der natürlichen Umwelt eine reale Möglichkeit ist und daß ihr Topos ein geschichtlicher ist. Wir können heute die Welt zur Hölle machen, wir sind auf dem besten Wege dazu, wie Sie wissen. Wir können sie auch in das Gegenteil verwandeln. Dieses Ende der Utopie, das heißt die Widerlegung jener Ideen und Theorien, denen der Begriff der Utopie zur Denunziation von geschichtlich-gesellschaftlichen Möglichkeiten gedient hat, kann nun auch in einem sehr bestimmten Sinn als »Ende der Geschichte« gefaßt werden, nämlich in dem Sinne, daß die neuen Möglichkeiten einer menschlichen Gesellschaft und ihrer Umwelt, daß diese neuen Möglichkeiten nicht mehr als Fortsetzung der alten, nicht mehr im selben historischen Kontinuum vorgestellt werden können, daß sie vielmehr einen Bruch mit dem geschichtlichen Kontinuum voraussetzen, jene qualitative Differenz zwischen einer freien Gesellschaft und den noch unfreien Gesellschaften, die nach Marx in der Tat alle bisherige Geschichte zur Vorgeschichte der Menschheit macht.

Aber ich glaube, daß auch Marx noch zu sehr dem Begriff des Kontinuums des Fortschritts verhaftet war, daß auch seine Idee des Sozialismus vielleicht noch nicht oder nicht mehr jene bestimmte Negation des Kapitalismus darstellt, die sie darstellen sollte. Das heißt, der Begriff des Endes der Utopie impliziert die Notwendigkeit, eine neue Definition des Sozialismus wenigstens zu diskutieren, und zwar auf dem Boden der Frage, ob nicht Entscheidendes im Marxschen Begriff des Sozialismus einer heute überholten Entwicklungsstufe der Produktivkräfte angehört. Das kommt meiner Meinung nach am klarsten in jener Unterscheidung zwischen dem Reich der Freiheit und dem Reich der Notwendigkeit zum Ausdruck, nach der das Reich der Freiheit nur jenseits des Reiches der Notwendigkeit gedacht werden und bestehen kann. Diese Teilung impliziert, daß das Reich der Notwendigkeit wirklich noch ein Reich der Notwendigkeit im Sinne der entfremdeten Arbeit bleibt, und das heißt, wie Marx sagt, daß alles, was in diesem Reich geschehen kann, ist, daß die Arbeit so rational wie möglich organisiert wird, so sehr wie möglich reduziert wird – aber sie bleibt Arbeit in und am Reich der Notwendigkeit und damit unfrei. Ich glaube, daß eine der neuen Möglichkeiten, die die qualitative Differenz der freien von der unfreien Gesellschaft anzeigt, genau darin besteht, das Reich der Freiheit im Reich der Notwendigkeit erscheinen zu lassen, in der Arbeit und nicht nur jenseits der (notwendigen) Arbeit. In einer provokativen Formulierung dieser spekulativen Idee würde ich sagen, wir müssen auch die Möglichkeit eines Weges des Sozialismus von der Wissenschaft zur Utopie und nicht nur von der Utopie zur Wissenschaft ins Auge fassen.

Utopie ist ein historischer Begriff; er bezieht sich auf Projekte gesellschaftlicher Umgestaltung, die für unmöglich gehalten werden. Unmöglich aus welchen Gründen? In der gewöhnlichen Diskussion der Utopie besteht die Unmöglichkeit der Verwirklichung des Projektes einer neuen Gesellschaft dann, wenn die subjektiven und objektiven Faktoren einer gegebenen gesellschaftlichen Situation der Umwandlung entgegenstehen – die sogenannte Unreife der gesellschaftlichen Situation, zum Beispiel kommunistischer Projekte während der Französischen Revolution. Oder vielleicht heute: Sozialismus in den höchstentwickelten kapitalistischen Ländern. Beides sind Beispiele für eine wirkliche oder angebliche Abwesenheit der subjektiven und objektiven Faktoren, die eine Verwirklichung unmöglich machen.

Das Projekt einer gesellschaftlichen Umwandlung kann aber auch für unverwirklichbar gehalten werden, weil es bestimmten wissenschaftlich festgestellten Gesetzen widerspricht, biologischen Gesetzen, physikalischen Gesetzen usw.; zum Beispiel die uralte Idee einer ewigen Jugend des Menschen oder die Idee einer Rückkehr zu einem angeblich goldenen Zeitalter. Ich glaube, daß wir nur in diesem letzten Sinne von Utopie sprechen können, nämlich, wenn ein Projekt der gesellschaftlichen Umwandlung wirklichen Naturgesetzen widerspricht. Nur ein solches Projekt ist in striktem Sinne utopisch, das heißt, außergeschichtlich – aber auch dieses »außergeschichtlich« hat noch eine geschichtliche Grenze.

Die andere Gruppe, die Abwesenheit subjektiver und objektiver Faktoren, kann im besten Falle nur als »provisorisch« unrealisierbar bezeichnet werden. Für die Unrealisierbarkeit solcher Projekte sind zum Beispiel Karl Mannheims Kriterien unzureichend, zunächst einmal aus dem sehr einfachen Grunde, weil sich die Unverwirklichbarkeit immer nur und erst ex post zeigt. Und es ist in der Tat kein Wunder, daß man ein Projekt gesellschaftlicher Umwandlung als unverwirklichbar bezeichnet, weil es sich als unverwirklicht in der Geschichte erwiesen hat. Zweitens aber ist das Kriterium der Unverwirklichbarkeit in diesem Sinne inadäquat, weil es sehr wohl sein mag, daß die Realisierung eines revolutionären Projektes durch Gegenkräfte und Gegenbewegungen verhindert wird, die gerade im Prozeß der Revolution überwunden werden können – und überwunden werden. Deswegen ist es fragwürdig, die Abwesenheit bestimmter subjektiver und objektiver Faktoren als Einwand gegen die Realisierbarkeit der Umwälzung hinzustellen. Insbesondere – und das ist die Frage, die uns hier heute beschäftigt – ist die Undefinierbarkeit einer revolutionären Klasse in den technisch höchstentwickelten kapitalistischen Ländern keine Utopisierung des Marxismus. Die gesellschaftlichen Träger der Umwälzung, und das ist orthodoxer Marx, formieren sich erst in dem Prozeß der Umwälzung selbst, und man kann nicht mit einer Situation rechnen, in der die revolutionären Kräfte sozusagen ready-made vorhanden sind, wenn die revolutionäre Bewegung beginnt. Aber es gibt ein meiner Meinung nach gültiges Kriterium für die mögliche Realisierung, nämlich, wenn die materiellen und intellektuellen Kräfte für die Umwälzung technisch vorhanden sind, obwohl deren rationale Verwendung durch die bestehende Organisation der Produktivkräfte verhindert wird. Und in diesem Sinne, glaube ich, können wir heute in der Tat von einem Ende der Utopie reden.

Alle materiellen und intellektuellen Kräfte, die für die Realisierung einer freien Gesellschaft eingesetzt werden können, sind da. Daß sie nicht für sie eingesetzt werden, ist der totalen Mobilisierung der bestehenden Gesellschaft gegen ihre eigene Möglichkeit der Befreiung zuzuschreiben. Aber dieser Zustand macht in keiner Weise die Idee der Umwälzung selbst zu einer Utopie.

Möglich in dem angedeuteten Sinn ist die Abschaffung der Armut und des Elends, möglich in dem angedeuteten Sinn ist die Abschaffung der entfremdeten Arbeit, möglich ist die Abschaffung dessen, was ich »surplus repression« genannt habe. Ich glaube, darin sind wir relativ einig, schlimmer noch, darin sind wir, glaube ich, auch mit unseren Gegnern einig. Es gibt heute kaum, selbst in der bürgerlichen Ökonomie, einen ernst zu nehmenden Wissenschaftler oder Forscher, der leugnen würde, daß mit den technisch bereits vorhandenen Produktivkräften, materiell sowohl wie intellektuell, die Abschaffung des Hungers und des Elends möglich ist und daß das, was heute geschieht, der globalen Politik einer repressiven Gesellschaft zuzuschreiben ist. Aber obwohl wir darin einig sind, sind wir uns noch nicht genügend klar darüber, was die technisch mögliche Abschaffung der Armut, des Elends und der Arbeit impliziert, nämlich, daß diese geschichtlichen Möglichkeiten in Formen gedacht werden müssen, die in der Tat den Bruch eher als die Kontinuität mit der bisherigen Geschichte, die Negation eher als das Positive, die Differenz eher als den Fortschritt anzeigen, nämlich die Transformation, die Befreiung einer Dimension der menschlichen Existenz diesseits der materiellen Basis, die Transformation der Bedürfnisse.

Was auf dem Spiel steht, ist die Idee einer neuen Anthropologie, nicht nur als Theorie, sondern auch als Existenzweise, die Entstehung und Entwicklung eines vitalen Bedürfnisses nach Freiheit und von vitalen Bedürfnissen der Freiheit – und zwar einer Freiheit, die nicht mehr in Kargheit und der Notwendigkeit entfremdeter Arbeit begründet und begrenzt ist. Die Entwicklung qualitativ neuer menschlicher Bedürfnisse erscheint als biologische Notwendigkeit, Bedürfnisse in einem sehr biologischen Sinne. Denn als vitales, notwendiges Bedürfnis besteht das Bedürfnis nach Freiheit in einem großen Teil der gleichgeschalteten Bevölkerung in den entwickelten Ländern des Kapitalismus nicht oder nicht mehr. Im Sinne dieser vitalen Bedürfnisse impliziert die neue Anthropologie auch die Entstehung einer neuen Moral als Erbe und Negation der judäo-christlichen Moral, die bisher die Geschichte der westlichen Zivilisation charakterisiert hat. Es ist gerade die Kontinuität der in einer repressiven Gesellschaft entwickelten und befriedigten Bedürfnisse, die diese repressive Gesellschaft in den Individuen selbst immer wieder reproduziert. Die Individuen reproduzieren in ihren eigenen Bedürfnissen die repressive Gesellschaft, selbst durch die Revolution hindurch, und es ist genau diese Kontinuität, die den Sprung von der Quantität in die Qualität einer freien Gesellschaft bisher verhindert hat.

Diese Idee impliziert, daß die menschlichen Bedürfnisse historischen Charakter haben. Jenseits der Animalität sind alle menschlichen Bedürfnisse, einschließlich der Sexualität, historisch bestimmt, historisch transformierbar. Und der Bruch mit der Kontinuität der Bedürfnisse, die die Repression schon in sich tragen, der Sprung in die qualitative Differenz ist nicht etwas Ausgedachtes, sondern etwas, das in der Entwicklung der Produktivkräfte selbst angelegt ist. Sie hat heute einen Stand erreicht, wo sie tatsächlich neue vitale Bedürfnisse fordert, um ihren eigenen Möglichkeiten gerecht zu werden.

Welches sind diese Tendenzen der Produktivkräfte, die diesen Sprung von der Quantität in die Qualität möglich machen? Vor allem die Technologisierung der Herrschaft, die den Boden der Herrschaft selbst untergräbt. Die progressive Reduktion physischer Arbeitskraft im Produktionsprozeß (im materiellen Produktionsprozeß), die immer mehr durch mentale Nervenarbeit ersetzt wird, konzentriert gesellschaftlich notwendige Arbeit in der Klasse der Techniker, Wissenschaftler, Ingenieure usw. – mögliche Befreiung von entfremdeter Arbeit. Sie sehen, es handelt sich hier selbstverständlich nur um Tendenzen, aber Tendenzen, die in der Entwicklung und im Fortbestand der kapitalistischen Gesellschaft begründet sind. Wenn es dem Kapitalismus nicht gelingt, diese neuen Möglichkeiten der Produktivkräfte und ihrer Organisation auszunutzen, fällt die Produktivität der Arbeit unter das von der Profitrate geforderte Niveau. Und wenn der Kapitalismus dieser Forderung folgt und die Automation rücksichtslos weitertreibt, stößt er auf seine innere Grenze: die Quelle des Mehrwerts für die Aufrechterhaltung der Tauschgesellschaft versickert.

Marx hat in den *Grundrissen* dargelegt, daß vollendete Automation der gesellschaftlich notwendigen Arbeit mit der Erhaltung des Kapitalismus unvereinbar ist. Diese Tendenz, für die Automation nur ein abkürzendes Schlagwort ist und durch die die notwendige physische Arbeit, entfremdete Arbeit, immer mehr aus dem materiellen Produktionsprozeß herausgezogen wird: diese Tendenz führt nun – und nun komme ich in der Tat zu »utopischen« Möglichkeiten; wir müssen ihnen standhalten, um zu sehen, was hier wirklich auf dem Spiel steht –, diese Tendenz führt zum totalen *Experiment* im gesellschaftlichen Rahmen und auf gesellschaftlichem Niveau. Mit der Abschaffung der Armut würde diese Tendenz zum Spiel mit den Möglichkeiten der menschlichen und außermenschlichen Natur als Inhalt gesellschaftlicher Arbeit; in ihr würde die produktive Einbildungskraft zur geformten Produktivkraft, die die Möglichkeiten einer freien menschlichen Existenz auf der Grundlage der ihr entsprechenden Entwicklung der materiellen Produktivkräfte frei entwirft. Damit diese technischen Möglichkeiten nicht solche der Repression werden, damit sie ihre befreiende Funktion erfüllen können, müssen sie aber von befreienden und befriedenden Bedürfnissen getragen und erzwungen werden.

Wenn das vitale Bedürfnis nach Abschaffung der (entfremdeten) Arbeit nicht besteht, wenn im Gegenteil das Bedürfnis nach Fortsetzung der Arbeit besteht, selbst wenn diese gesellschaftlich nicht mehr notwendig ist; wenn das vitale Bedürfnis nach Freude, nach dem Glück mit gutem Gewissen nicht besteht, sondern vielmehr das Bedürfnis, daß man alles verdienen muß in einem Leben, das so miserabel wie nur möglich ist, wenn diese vitalen Bedürfnisse nicht bestehen oder von den repressiven erstickt werden, was dann zu erwarten ist, ist nur, daß die neuen technischen Möglichkeiten in der Tat zu neuen Möglichkeiten der Repression der Herrschaft werden.

Was die Kybernetik und Computer zur totalen Kontrolle einer

menschlichen Existenz beitragen können, das wissen wir bereits. Die neuen Bedürfnisse, die wirklich die bestimmte Negation der bestehenden Bedürfnisse wären, zeigen sich zunächst als die Negation der das heutige Herrschaftssystem tragenden Bedürfnisse und der sie tragenden Werte: zum Beispiel die Negation des Bedürfnisses nach dem Existenzkampf (dieser ist angeblich etwas Notwendiges, und alle jene Ideen oder Phantasien, die von der möglichen Abschaffung des Existenzkampfes sprechen, widersprechen damit den angeblich natürlichen und gesellschaftlichen Bedingungen der menschlichen Existenz), die Negation des Bedürfnisses, das Leben zu verdienen, Negation des Leistungsprinzips, der Konkurrenz, Negation des Bedürfnisses nach einer verschwendenden, zerstörenden Produktivität, die mit Destruktion untrennbar verbunden ist, Negation des vitalen Bedürfnisses nach verlogener Triebunterdrückung. Diese Bedürfnisse wären negiert in dem vitalen, biologischen Bedürfnis nach Frieden, das heute, wie Sie nur zu gut wissen, kein vitales Bedürfnis der Majorität ist, dem Bedürfnis nach Ruhe, dem Bedürfnis nach Alleinsein, mit sich selbst oder mit dem selbstgewählten anderen, Bedürfnis nach dem Schönen, dem Bedürfnis nach »unverdientem« Glück – alles dies nicht nur als individuelle Bedürfnisse, sondern als gesellschaftliche Produktivkraft, als gesellschaftliche Bedürfnisse, die in der Leitung und Verwendung der Produktivkräfte bestimmend zur Wirkung gebracht werden.

Diese neuen vitalen Bedürfnisse würden dann als gesellschaftliche Produktivkraft eine totale technische Umgestaltung der Lebenswelt möglich machen, und ich glaube, daß erst in einer so umgestalteten Lebenswelt neue menschliche Verhältnisse, neue Beziehungen zwischen den Menschen möglich werden. Technische Umgestaltung – wiederum spreche ich im Hinblick auf die technisch höchstentwickelten kapitalistischen Länder, wo eine solche Umgestaltung die Beseitigung der Schrecken der kapitalistischen Industrialisierung und Kommerzialisierung meint, die Rekonstruktion der Städte und die Wiederherstellung der Natur nach der Abwendung der Schrecken der kapitalistischen Industrialisierung. Ich hoffe, ich brauche Ihnen nicht zu sagen, daß, wenn ich von der Überwindung der Schrecken der kapitalistischen

Industrialisierung spreche, ich nicht einer romantischen Regression hinter die Technik das Wort rede, sondern im Gegenteil glaube, daß die möglichen und befreienden Segnungen der Technik und der Industrialisierung überhaupt erst sichtbar und wirklich werden können, wenn die kapitalistische Industrialisierung und die kapitalistische Technik abgelöst sind.

Die Qualitäten der Freiheit, die ich hier angedeutet habe, sind meiner Meinung nach Qualitäten, die bisher – und ich komme damit auf das zurück, was ich am Anfang gesagt habe – in der Besinnung auf den Begriff des Sozialismus nicht adäquat zum Ausdruck gekommen sind. Der Begriff des Sozialismus ist selbst bei uns zu sehr noch im Rahmen der Entwicklung der Produktivkräfte gefaßt worden, zu sehr noch im Rahmen der Steigerung der Produktivität der Arbeit, was auf der Stufe der Produktivität, auf der die Idee des wissenschaftlichen Sozialismus entwickelt wurde, nicht nur berechtigt, sondern notwendig war, aber heute zumindest diskutiert werden muß. Wir müssen heute versuchen, die qualitative Differenz der sozialistischen Gesellschaft als freier Gesellschaft von den bestehenden Gesellschaften ohne jede Hemmung, selbst wenn es lächerlich erscheinen mag, zu diskutieren und zu bestimmen. Und es ist genau hier, wo, wenn wir nach einem Begriff suchen, der vielleicht die qualitative Differenz der sozialistischen Gesellschaft andeuten kann, die ästhetisch-erotische Dimension gleichsam spontan, jedenfalls mir, zum Bewußtsein kommt. Hier ist der Begriff »ästhetisch« im ursprünglichen Sinn genommen, nämlich als Form der Sensitivität der Sinne und als Form der Lebenswelt. In dieser Fassung projiziert der Begriff die Konvergenz von Technik und Kunst und die Konvergenz von Arbeit und Spiel. Es ist kein Zufall, daß heute in der avantgardistischen linken Intelligenz das Werk von Fourier wieder aktuell wird. Es war Fourier, der, wie Marx und Engels selbst anerkannt haben, zum erstenmal und als einziger diese qualitative Differenz zwischen der freien und der unfreien Gesellschaft sichtbar gemacht hat und nicht zurückgeschreckt ist, wo Marx noch zurückgeschreckt ist, von einer möglichen Gesellschaft zu sprechen, in der die Arbeit zum Spiel wird, einer Gesellschaft, in der selbst die gesellschaftlich notwendige Arbeit im Einklang mit den befreiten, eigenen Bedürfnissen der Menschen organisiert werden kann.

Lassen Sie mich zum Schluß noch eine Bemerkung machen. Ich habe bereits angedeutet, daß die kritische Theorie, die immer noch Marx verpflichtet ist, die hier nur ganz roh angedeuteten extremen Möglichkeiten der Freiheit, den Skandal der qualitativen Differenz, in sich aufnehmen muß, wenn sie nicht bei der Verbesserung des schlechten Bestehenden stehenbleiben will. Der Marxismus muß riskieren, die Freiheit so zu definieren, daß sie als ein nirgendwo schon Bestehendes bewußt und erkannt wird. Und gerade weil die sogenannten utopischen Möglichkeiten gar nicht utopisch sind, sondern die bestimmte geschichtlich-gesellschaftliche Negation des Bestehenden darstellen, verlangen die Bewußtmachung dieser Möglichkeiten und die Bewußtmachung der sie verhindernden und der sie verleugnenden Kräfte von uns eine sehr realistische, eine sehr pragmatische Opposition: eine Opposition, die frei ist von allen Illusionen, aber auch frei von allem Defätismus, der schon durch seine bloße Existenz die Möglichkeit der Freiheit an das Bestehende verrät.